임금 증가, 고용 증가, 분배가 없는 '3무 시대'를 살고 있는 이 땅의 고달픈 청춘들에게 꼭 소개하고 싶은 인물이 일가 김용기 장로님입니다. 지금보다 훨씬 혹독한 시대를 사셨지만, 불굴의 개척정신으로 '더불어 잘 살기' 운동의 길을 내신 진정한 어르신입니다. 그 험난한 길을 걸어온 힘의 원동력이 어디에 있었는지를 보여주는 이 책은 생각의 힘, 사상의 힘이 무엇인지를 깨닫게 합니다. 시대의 흐름을 거스르는 도전정신, 개척정신을 배우고 싶다면 지금 이 책을 읽으라고 권하고 싶습니다.

_김영길, 한동대 명예 총장

김용기 장로님은 일생 동안 근로, 봉사, 희생을 가르치고 무엇보다도 그 덕목들을 몸소 실천하고 열매를 거둠으로 한국의 발전과 한국 기독교 위상 제고에 결정적인 공헌을 했습니다. 그러나 그런 활동과 공헌이 확실하고 분명한 이념에 근거해 있다는 사실은 잘 알려져 있지 않습니다. 이 책은 김용기 장로님의 복민주의 이념을 체계적으로 정리하고 성경, 인간 본성, 역사, 사회적 상황 이해를 바탕으로 분석하고 있습니다. 막 시작되고 있는 '가나안 운동'의 세계 확산에 꼭 필요한 책이라고 봅니다.

_손봉호, 일가재단 이사장

일가 김용기 장로님은 거의 팔십 평생을 농사일에 종사하면서 황무지를 개간하고 농촌을 섬기며 농민을 계몽한 선각자요 농촌운동가십니다. 그는 "너희 손으로 일하기를 힘쓰라", "일하기 싫어하거든 먹지도 말라"는 성경 말씀을 실천하면서 복민福民 사상의 기초를 세웠습니다. 그동안 본인이 손수 쓴 책도 있고 또 그를 소개한 책도 있지만, 이 책은 일가一家의 사상과 실천을 주석적 고증을 통해 성서신학적 해석을 시도한 최초의 의미 있는 작업이요, 중요한 초석입니다. 독자들은 일가 선생 연구에 신학적 지평을 여는 이 책에 주목했으면 합니다.

_이만열, 숙명여대 명예 교수

감 사 의 말

사상은 체계화, 구체화될수록 영향력 커져

세상에 뿌리 없는 나무가 없고, 부모 없는 자식이 없듯 오늘의 가나안농군학교를 있게 한 것은 '복민사상'입니다. 가나안농군학교의 근간인 복민사상은 1931년, 부친이자 가나안농군학교의 설립자이신 고故 일가 김용기 장로님으로부터 시작되었습니다. 김용기 장로님은 당시 황폐해진 조국과 민족을 바라보며, 모두가 복 받아 행복하게 더불어 사는 세상이 되기를 간절히 바랐습니다. 그 마음에서 출발하여 지금의 가나안농군학교가 되었기에 복민사상을 학문적으로 정립할 필요성은 필연적이라 하겠습니다.

복민사상의 학문적 정립의 필요성은 세 가지가 있습니다.

첫째, 복민사상은 가나안농군학교의 정체성이기 때문입니다. 그것은 개척 현장에서 뛰는 우리들 내면에 스며들어 복민운동의 삶이 됩니다. 이처럼 가나안 교육은 정신교육, 생활교육으로 예수님의 생애처럼 '삶으로 보이는 것'입니다. 비록 복민운동이 지금까지도 세대를 거듭해 계승되어왔지만, 앞으로도 그 본질이 흐려지지 않도록 해야 합니다.

둘째, 지속성 때문입니다. 많은 사람들이 이곳을 다녀가면서 큰 감동과 감화를 받았습니다. 그러나 그 감동을 다시금 누군가에게 전할 때 본래 우리가 의도한 바가 고스란히 전달되기란 어렵습니다. 복민운동의 깊이를 단기간에 체득하는 것도 한계가 있습니다. 그러므로 훗날 재교육을 받지 않더라도, 긴 시간 머물지 못하더라도, 일상에서 복민운동이 지속되도록 독려할 수 있는 것이 필요했습니다. 사상은 체계화, 구체화될수록 영향력이 더 커지기 때문입니다.

셋째, 주변 사람들의 권유 때문입니다. 우리 사회의 저명한 목사님, 교수님 등 일찍이 김용기 장로님의 정신과 사상이 담긴 복민사상을 귀하게 보신 분들이 수차례 이야기해오던 것입니다. 이 각박한 세상에 복민운동이야말로 참된 삶의 길을 제시해줄 수 있기 때문입니다.

그리고 지금, 그토록 마음에 소원해오던 복민사상의 학문적 정립을, 무엇보다도 신학적 관점에서 바라봄으로 시작점을 찍게 하신 하나님께 진심으로 감사드립니다. 더불어 이 일을 위해 단순한 이론 정리뿐만이 아닌 근로, 봉사, 희생으로 몸소 복민운동의 삶을 살고자 노력하며 수고해주신 조용식 박사님께도 감사합니다. 모든 것이 하나님의 은혜입니다. 그 은혜 따라 여기까지 인도하신 것을 믿으며, 하나님께서 이 책을 통해 앞으로 더욱 크게 역사하실 것을 기대합니다.

김범일, 가나안농군학교 교장

가나안,

끝나지 않은 여정

———————————

가나안, 끝나지 않은 여정
조용식 지음

1판 1쇄 인쇄 2016. 9. 23. | **1판 1쇄 발행** 2016. 9. 27. | **발행처** 포이에마 | **발행인** 김강유 | **디자인** 정지현 | **등록번호** 제300-2006-190호 | **등록일자** 2006. 10. 16. | 서울특별시 종로구 북촌로 63-3 우편번호 03052 | 마케팅부 02)3668-3260, 편집부 02)730-8648, 팩시밀리 02)745-4827

값은 뒤표지에 있습니다. ISBN 979-11-5809-060-9 03230 | 독자의견 전화 02)730-8648 | 이메일 masterpiece@poiema.co.kr | 좋은 독자가 좋은 책을 만듭니다. | 포이에마는 독자 여러분의 의견에 항상 귀를 기울이고 있습니다.

이 도서의 국립중앙도서관 출판시도서목록(CIP)은 서지정보유통지원시스템 홈페이지(http://seoji.nl.go.kr)와 국가자료 공동목록시스템(http://www.nl.go.kr/kolisnet)에서 이용하실 수 있습니다. (CIP제어번호: CIP2016021397)

가나안, 끝나지 않은 여정

조
용
식

포이에마
POIEMA

복은 누구에게나 주어진다. 발견하지 못할 뿐이다.

눈으로 찾는 것이 아니라 삶으로 느끼는 것이기 때문이다.

관계의 기반 위에서 자신의 일을 찾고

숭고한 이상과 고귀한 삶을 향해 나아가는 사람

그 자체가 복이다(福人).

_일가 김용기 장로

가나안 복민운동 사용법

이 책이 나오기까지, 김용기 장로가 하늘의 부름을 받은 후 약 28년이 걸렸습니다. 이 말에 동의하지 않는 분도 계실지 모릅니다. 일가재단과 가나안농군학교가 '복민운동'을 주제로 김용기 장로의 사상을 소개하는 책자를 이미 여러 권 출간했기 때문입니다. 무엇보다 림영철 교수님의 역작인 《일가─家 김용기 장로와 가나안 이상촌 운동》(재단법인 일가재단, 2009)이 있으니 더욱 납득하기 힘들겠지요. 이 밖에도 학술 분야에서 김용기 장로의 사상을 조명한 논문들까지 여럿 나왔으니, 이 책이 사후에 나온 유일한 책처럼 말하는 것은 거짓말처럼 들릴지 모릅니다.

그러나 김용기 장로의 둘째 아드님으로서, 현재도 일선에서 국내와 해외의 가나안농군학교를 총괄하고 있는 김범일 교장이 평생 원했던 '그 책'이 처음 나왔다고 하면 이는 거짓이 아닙니다. 그는 다음과 같은 내용이 '그 책'에 꼭 담기길 원했습니다.

첫째, 아버지의 사상이 '기독교 신앙'에 토대를 두고 있다는 사실이 드러나야 한다.

둘째, 아버지의 사상이 '비기독교인에게도' 필요하다는 사실을 설득해야 한다.

셋째, 아버지의 사상이 '이 시대에도' 유효하다는 사실을 설명해야 한다.

그런데 이 세 가지는 김범일 교장의 '요구 사항'이 아니라 단순한 바람이었습니다. 위 내용을 모두 담아내기란 현실적으로 불가능하다는 것을 본인도 알고 있었습니다. 김용기 장로의 제자 중에 내로라하는 분들이 많지만, 세 조건을 모두 충족하는 당돌한 책을 쓸 만한 '이력'은 찾기 쉽지 않았습니다. 신앙이 있는 분은 비기독교인과 소통하기 어려웠고, 비기독교인과 소통이 가능한 분은 신앙의 깊이가 얕았으며, 신앙의 깊이와 비기독교인과의 소통 능력을 함께 갖췄다 해도 시대를 따라잡는 데는 생물학적 한계가 있었습니다.

하루에 네 시간씩 기도하고 주일을 생명처럼 지켰던 정통 기독교인 김용기 장로의 강연에 가톨릭 신부와 수녀는 물론이고, 스님과 원불교 교무도 다수 참석했습니다. 종교가 없는 일반인도 수만 명 넘게 찾았습니다. 어른들만이 아니었습니다. 환갑이 넘은 그의 강의에 10대 후반 젊은이들까지 열광했습니다. 이렇듯 김범일 교장의 세 가지 바람은 김용기 장로가 살아 있을 때 실제 있었던 일이기에 어쩌면 아주 당연한 요구였습니다.

이 요구를 실현해보겠다는 생각이 든 것은 역사와 현장에 대한 믿음 때문이었습니다. '가나안'에는 여전히 역사와 현장이 건재하고, 그

역사를 주관하시는 하나님과 그 현장을 지키는 사명자들이 있기 때문에, 김용기 장로의 사상은 시간과 환경의 제약을 뛰어넘으리라는 믿음이 있었습니다.

돌아보면 제게 어느 날 갑자기 흥부의 박처럼 "쿵!" 하고 6만여 평 현장이 다가왔습니다. 황무지는커녕 에덴동산처럼 모든 것을 갖춘 곳에서 아담과 하와처럼 부부가 단둘이 살면서, 풀과 벌레와 각종 짐승과 눈과 비와 바람과 별, 그리고 식구 같은 멍멍이 세 마리와 같이 '기본'부터 시작할 수 있었습니다.

자연에서 기본은 무엇을 하든지 몸을 움직여야 한다는 것입니다. 돈만 내면 얼마든지 누군가 서비스를 제공하는 환경에서는 몸을 움직일 일이 없었죠. 하지만 사람도 없고 돈도 없는 자연에서는 무엇이든지 스스로 해결해야 했고 그 방법은 늘 '몸'이었습니다. 길을 덮는 풀 때문에, 하얗게 쌓이는 눈 때문에, 얼어버린 수도 때문에, 바람에 날아간 지붕 때문에, 고장 난 화장실 때문에, 여기에 장판과 보일러와 난로와 물 새는 천장까지 끊임없이 쏟아지는 일거리에 머리를 굴리고 몸을 움직이니, "일하기 싫거든 먹지도 말라"는 말이 기본 중의 기본이 되었습니다. 바로 이 기본의 삶 속에서 김용기 장로와 사귀게 되었습니다. 열 권이나 되는 그의 저서에서 반복되는 '설교'들은 잔소리가 아니라 살아 있는 외침이었습니다. 신앙의 깊이를 유지하지는 못했지만 적어도 그것이 무엇인지 아는 전직 목사로서 그의 신앙의 깊이와 순도는 가늠할 수 있었습니다.

하지만 '비신자'보다 못한 삶을 살던 때라 김용기 장로와의 사귐은 매우 당황스러운 일로 다가왔습니다. 무엇보다 그의 첫 번째 이념이 노동이었기 때문입니다. 그와 사귀기 직전, 경북 봉화의 슬래그 공장에서 야간에 열두 시간에서 열여섯 시간 동안 '먹기 위한' 노동을 했습니다. 육체노동자는 정규직이든 비정규직이든 기계만도 못한 존재였습니다. 기계는 무리가 갈까봐 쉽게 해도 노동자는 쓰러지지 않는 한 계속 돌리는 체제였습니다. 노동자 입장에서도 쉬면 굶어야 했기에 따를 수밖에 없었습니다. 쉬는 시간만큼 칼같이 시급을 제하기 때문에, 잔업과 특근을 다해도 월 170만 원을 겨우 맞출 수 있는 처지라 주5일은 고사하고 국경일도 쉴 수 없었습니다. 생산직 근로자에게 법적으로 강제할 수 있는 공휴일은 5월 1일 '노동절'뿐이었습니다. 물론 강제수용소가 아니므로 본인이 원할 때 쉬면 됩니다. 단, 굶는다는 조건으로. 입에서 늘 저주가 튀어나오던 시기였습니다. 그런 상황에서 또다시 노동이라니요!

그러나 김용기 장로와 사귀면서 노동에도 여러 차원이 있음을 배웠습니다. '먹기 위한' 노동이 아니라 '일하기 위한' 노동, 그리고 무려 '즐거운' 노동! 거의 1킬로미터에 달하는 진입로의 눈을 혼자 치우는 데 꼬박 네 시간이 걸렸습니다. 그런데도 욕이 나오지 않았습니다. 보람 때문이었습니다. 일주일에 서너 번씩 그 일을 하면서도 즐거웠습니다. 장마철이면 쑥쑥 자라는 풀들, 축구장만 한 잔디밭에 계속 올라오는 잡초들, 악귀처럼 얼굴에 달려드는 벌레들과 싸우며 예초기로 작업하고 돌아서면 또다시 자라 있는 풀과 잡초들. 그러나 보람이 있었습니다. 사명과 본분과 목적의식이 분명한 노동이었기 때문입니다.

예전에는 원서들과 씨름하며 책상에서 뭔가를 끼적이거나 청중 앞에서 자신의 존재를 부각하는 일을 가치 있다고 생각했으므로, '타락'

한 이후로는 목적이 사라졌습니다. 사명과 본분도 잃었습니다. 인간 취급은커녕 기계보다 못한 대우를 받는 공장에서는 어떤 사명도 본분도 목적도 찾을 수 없었습니다. 일 끝나고 기숙사로 돌아가면 한 사람도 예외 없이 소주를 병째 들이켜고는 잠들기 급급했던 그 모습이 지금도 눈에 선합니다. 그래서 이 책을 썼습니다. 비신자에게도 사명과 본분과 목적의식이 얼마나 필요한지를 스스로 터득했기 때문입니다.

그런데 김용기 장로의 사상이 과연 이 시대에도 필요할까요? 알고 보니 이런 의심은 측근에게서 나왔습니다. 가장 많이 배우고 가장 많이 누리고 대한민국 상위 1퍼센트에 속하는 측근이 오히려 김용기 장로의 사상을 가장 고리타분하게 여기는 모습을 봤습니다. 어찌 보면 이 사람 생각이 맞습니다. 그 측근이 속한 대한민국 상위 1퍼센트의 삶은 1960년대에 비해 그야말로 '천지개벽'했기 때문입니다. 1960년대 상류층은 아무리 잘살아도 이층집 이상에서 살지 않았습니다. 지금은 40층 펜트하우스에서 구름을 내려다보며 와인 잔을 기울입니다. 아무리 잘살아도 미국 중산층보다 못했던 1960년대 상류층과 미국 상류층조차 혀를 내두르는 오늘날 대한민국 상류층은 비교조차 할 수 없습니다. 그러니 1960년대라면 몰라도, 지금 이 시대 어떤 상류층이 '근로와 봉사와 희생'을 받아들이겠습니까?

하지만 이러한 '천지개벽'은 대한민국 상위 1퍼센트에게나 해당됩니다. 나머지 99퍼센트에게는 사람 사는 방법, 달라진 것 별로 없습니다. 옛 시조는 "산천은 의구하되 인걸은 간데없네"라고 노래했지만, 지금은 "산천이 간데없고 인걸은 그대로"입니다. 건물과 도로와 기계와 문명의 발달로 마치 시대가 완전히 바뀐 듯 착각하지만 사람은 그대로입니다. 먹고 일하고 걱정하는 삶, 변한 것이 없습니다. 밤새 다리가 퉁퉁 붓도록 여덟 시간씩 주5일 편의점 아르바이트를 해 한 달에 100만 원을 채 못 버는 대학생들, 이리저리 모은 폐휴지를 팔아 하루 5천 원을 받는 노인들, 언제 해고될지 모르는 파리 목숨 직장인들, 지하철이나 버스 안에서 멍한 눈으로 스마트폰만 들여다보는 사람들, 김용기 장로가 강연 대상으로 삼았던 1960년대 농부나 1970년대 근로자들과 이들 사이에 무슨 차이가 있을까요? 입은 옷이나 갖추고 다니는 장비나 몰고 다니는 자동차는 많이 달라졌지만, 그 속의 사람들은 그대로입니다.

그러기에 '참 살길 여기 있다'고, '이렇게 살 때가 아니다'라고, '심은 대로 거두리라'고, '가나안으로 가는 길'이 있다고 지금 여기서도 여전히 외칠 수 있습니다. 그래서 겁 없이 이 책을 썼습니다. 마귀는 다시 천사가 될 수 없지만 인간은 아무리 타락해도 '성인聖人'의 반열에까지 회복될 수 있으니, 이는 하나님이 인간에게 주신 복福입니다. 김용기 장로는 일찍이 이 진리를 깨닫고 모든 사람이 이 복을 받았으면 하고 바랐는데, 그것이 바로 '복민주의'이며, 이 책은 '복민운동 사용법'입니다. 요즘 모든 컴퓨터 프로그램이 그렇듯 이 책도 사실은 '베타버전'입니다. 베타버전의 특징은 고객 참여도에 따라 업그레이드 수준이 결정된다는 것입니다. 독자의 관심과 격려와 질책이 이 '매뉴얼'을 계속 향상시키리라 믿습니다. 가나안이라는 플랫폼에서 이 매뉴얼이 더욱 활성화되어 애플을 능가하는 '오프라인'의 신화가 되기를 기대합니다.

"조국이여 안심하라"고 했던 말을 지키기 위해

대한민국 온 국민을 '한 가족 一家'으로 여기고

그들에게 물고기가 아니라

물고기 잡는 방법을 가르친

의식개혁과 생활개선의 선구자

일가 김용기 장로의 가나안농군학교여

영원히 빛을 발하라!

2016년 6월 30일 강원도 원주시 신림면에서

조용식

1

일가 김용기 장로와
가나안농군학교

"민족중흥의 역사적 사명을 띠고" 살았던 50대 이상은 가나안농군학교와 김용기 장로라는 이름이 낯익습니다. 그러나 "세계는 넓고 할 일은 많다"고 알았다가 각자 먹고살기도 힘들어진 그다음 세대는 갸우뚱할지 모릅니다. 그래서 김용기 장로와 가나안농군학교를 간략하게 먼저 소개합니다. 아래는 《한국민족문화대백과사전》에 수록된 '김용기'에 대한 내용으로, 연세대학교 민경배 명예교수가 작성했습니다.

[정의]

1912~1988. 기독교 농민운동가

[내용]

본관은 안동安東. 경기도 양주 출신. 1930년 광동학교廣東學校 졸업 후, 1931년 중국으로 건너갔다가 기독교 농민운동의 뜻을 품고 귀국하였다. 1938년 경기도 양주시 와부면 능내리에 '봉안 이상촌'을 만들어, 기독교 사회주의 실현을 위하여 힘썼다.

이상촌에서는 공동생활 형태를 취하면서 가축 부업을 의무화하고, 협동조합·소비공매조합 등을 결성하여 농민의 권익을 도모하는 한편 금주·금연, 관혼상제 간소화 운동도 전개하였다. 1942년 '고구마 12개월 저장방법'을 개발하여 농가소득에 기여하였다.

1944년 10월 용문산 부근 농민들을 중심으로 농민동맹을 결성하고 일제의 공출供出과 징용·징병에 저항하는 운동을 전개할 때 여운형呂運亨도 참여하였다.

1946년 경기도 고양시 은평면 구기리에 교회(지금의 임마누엘수도원)와 농장을 건설하였고, 1950년 경기도 용인에 복음고등농민학교를, 1954년에는 광주에 가나안농장을 설립하였다.

1962년 가나안농군학교를 세워 본격적인 기독교 농촌지도자 교육을 시작하였으며, 1973년 강원도 원주에 제2가나안농군학교를 설립하였다.

기독교 정신에 입각한 이상적인 농촌사회 건설과 지도자 양성에 헌신한 공로로 1962년 제1회 향토문화공로상, 1966년 막사이사이상(사회공익 부문), 1973년 제1회 인촌문화상을 수상하였다.

1978년 필리핀 세이비어 대학에서 명예 문학박사 학위를 받았다. 1982년 3월 농촌 후계자 양성을 위한 가나안농군사관학교를 설립, 독특한 교육 방법으로 복음사업과 아울러 농촌운동 지도자를 배출하였다.

저서로 《참 살길 여기 있다》, 《가나안으로 가는 길》, 《심은 대로 거두리라》, 《이렇게 살 때가 아닌가》, 《그분의 말씀 따라》, 《조국이여 안심하라》, 《나의 한길 60년》, 《영광된 내일을 위하여》 등이 있다.

1990년 그의 업적을 기리기 위하여 일가상一家賞을 제정하고, 매년 농민운동·협동조합운동 등 사회공익실현운동에 공로가 큰 사람에게 시상하고 있다.

_《한국민족문화대백과사전》(http://encykorea.aks.ac.kr)

이 정도의 소개만으로도 김용기 장로의 생애와 업적은 대략 알 수 있습니다. 다만 국민훈장 무궁화장을 받았다는 것과, 그분의 장례를 대한민국 역사상 첫 농민장으로 치렀다는 사실이 추가되어야 할 것입니다. 그런데 그의 '생애'가 아니라 '사상'을 알려면 다른 접근이 필요합니다. 삶이 사상에 영향을 주었는지 사상이 삶에 영향을 주었는지는 닭이 먼저냐 알이 먼저냐를 따지는 것만큼이나 어려운 문제입니다. 그러나 닭이 없으면 알도 없고 알이 없으면 닭도 없듯이, 삶이 없으면 사상이 없고 사상이 없으면 의미 있는 삶도 없습니다. 따라서 그분의 생애가 그의 독특한 사상과 어떤 연관이 있는지를 알아야 합니다.

김용기 장로는 25세 이후로 평생에 걸쳐 다섯 번 개척을 했습니다. 황무지를 개간해서 쓸모 있는 땅으로 만들었지요. 어찌 보면 단순한 토지개발 사업으로도 보입니다. 그런데 이 일이 한 개인의 '부동산 개발' 사업이 아니라, 한국 근현대 '개척 운동'의 탁월한 성공 사례가 된 이유는 그가 세운 '가나안농군학교' 때문입니다. 김용기 장로가 없는 가나안농군학교는 상상할 수 없습니다. 김용기 장로가 부름을 받은 지 27년이 지났지만 여전히 이 둘은 동의어입니다. 그런데 가나안농군학교로만 김용기 장로를 설명하면 농촌 계몽활동으로 치우치는 면이 있습니다. 그의 사상과 활동의 뿌리였던 기독교 신앙으로 균형을 맞추려면 '장로' 김용기를 따로 살펴봐야 합니다.

장로 김용기, 신앙 현실주의자

'긍정의 힘'보다 위대하고 숭고한 '부정의 힘'

"못합니다"

김용기는 1939년부터, 그러니까 27세(호적상 나이, 실제는 1909년생) 부터 늘 '장로'라고 불렸습니다. 1962년에 가나안농군학교를 설립하면서 교장이 되었고, 1978년에는 필리핀 세이비어 대학교에서 명예박사 학위도 받았지만, 김용기 이름 뒤에는 교장이나 박사 대신 주로 '장로'라는 직함이 붙었습니다. 장로는 개신교의 특정 교파(장로교)에서만 사용되는 직책으로 당사자가 속한 교회에서만 통용되지만, 김용기 장로에게는 그 이상의 큰 의미가 있습니다. 그에게 장로라는 직함은 신앙적, 민족적 승리의 상징입니다.

1939년은 중일전쟁이 터진 직후이자 일본이 태평양전쟁을 일으키기 직전으로, 한반도 전체가 전시체제에 들어가 살벌한 강압통치를 받던 시기입니다. 이때 일본은 조선의 젊은이들을 전쟁에 동원하는 예비

단계로, 신사참배와 동방요배 그리고 창씨개명을 강요합니다. 천황을 향한 충성심이 분명해야 안심하고 총을 맡길 수 있다는 논리였죠. 신사참배와 동방요배는 종교 행위라서 기독교와 충돌할 수밖에 없었습니다. 하지만 기독교 민족의식의 요람인 숭실학교와 평양신학교가 1938년에 이미 폐쇄되었고, 제27회 장로교 총회조차 기독교인의 신사참배를 결의하고 맙니다. 총회에서 신사참배를 결의하자 일선 목회자와 교인은 더 이상 경찰의 위협을 거부할 수 없게 됩니다. 조선 지식인을 대표했던 춘원 이광수가 친일파로 본격적으로 나선 때도 1938년이었으니, 그 당시 분위기가 어땠는지는 짐작이 가고도 남습니다. 그 상황에서 장로로 세워진 27세 청년 김용기에게 무슨 일이 있었는지는 그의 글을 통해 확인해보겠습니다.

내가 신사참배 문제로 저들에게 잡혀가 그 혹독한 고문을 받게 된 것은 내 나이 27세 때였다. 봉안교회에서 장로 장립을 받게 되었는데, 이 장립식 석상에서 이 말썽 많은 문제가 터지고야 말았다.…내 나이 27세 때 있었던 장로 장립식은 분위기부터 좀 야단스러웠다. 자그마한 시골 교회에 3개 노회에서 목사님들이 40여 명 왔고, 장로님들이 80여 명, 일반 신도들이 약 3백여 명이나 모여들었으니 분위기가 야단스럽지 않을 수가 없었다. 이렇게 많은 손님이 모여들자, 봉안교회를 중심으로 전체 마을이 잔치 분위기가 되었다. 이런 분위기에 찬물을 끼얹는 사건이 장립식 개회 벽두에 일어났다. 동방요배東方遙拜와 황군장병 무운皇軍將兵武運을 비는 1분간의 묵도를 거부하고 나선 때문이었다.

"못합니다!"

나의 이 한마디는 지금껏 칼로도, 총으로도 꺾지 못했던 우리 봉안교회, 아니 지조를 지키려는 우리 기독교인의 정절의 부르짖음이었다

…

내 말에 몇몇 혈기 왕성한 목사들이 대들었다.

"이미 노회에서 동방요배와 신사참배를 결의했는데 웬 소란이냐? 잔소리 말고 식순대로 진행하자!"

…

"못합니다."

…

내가 이렇게 단호히 나오자 동방요배를 우기고 나섰던 분들도 한발 양보, 장로 장립식을 그대로 마치게 되었다. 그러자 예상했던 대로 나는 양주경찰서에 끌려가게 되었고 혹독한 고문은 1주일간 계속되었다.

_〈나의 한길 60년〉 44-47쪽

장로라고 불릴 때마다 그분이 평생 느꼈을 감회가 어땠을지 이 글을 통해 조금이나마 이해하게 됩니다. 불과 1년 전에 장로교 총회가 신사참배를 결의했고 김용기가 속한 노회도 그 결정을 수용했는데, 자그마한 시골 교회 청년이 여러 노회에서 모인 쟁쟁한 목사들의 요구를 거부하다니. 일본 경찰의 고문만큼이나 견디기 어려운 압박이었을 것입니다. 이러한 압박을 극복하고 받은 장로 직함이었기에 기독교 민족정신의 승리이자 훈장보다 값진 명예였던 것입니다.

'장로' 김용기의 "못합니다!"라는 말은 '긍정의 힘'보다 더 위대하고 숭고한 '부정의 힘'을 보여줍니다. 할 수 있지만 하지 않는 자유, 하지

청년 김용기
그는 장로 장립를 받는 자리에서 동방요배와 황군장병 무운을 비는 묵도
를 거부한다.

않을 수 있지만 하는 자유, 이것이야말로 "진리가 너희를 자유롭게 하리라"라는 말씀의 본질입니다. 장로 김용기는 철저한 기독교인으로서 평생 주일예배와 계명 지키기를 목숨보다 더 중히 여겼지만, 해방 이후에는 기독교의 특정 교파(장로교)에 매이지 않았습니다. 그에게 장로라는 직함은 문자 그대로 '어른'이라는 의미였습니다. 그래서 비신자도 스스럼없이 그를 장로라고 불렀는데, 그를 교회의 대표가 아니라 진리를 위해 목숨을 걸고 승리한 분으로 인정한다는 뜻이었습니다.

"한 손에는 성경, 또 한 손에는 삽"

조선이 기독교를 받아들이기까지 많은 서양 선교사들이 피땀 흘려 노력했습니다. 이를 부정할 수는 없습니다. 하지만 그들이 들어오기 수십 년 전에 중국에서 입수한 기독교 서적을 읽고 이미 자생적으로

봉안교회 앞에서
김용기 장로는 성경을 신학의 전유물로 두지 않고
삶의 지침서로 읽었다.

기독교인이 된 조선 지식인이 있었습니다. 다산 정약용의 형제들이 대표적입니다. 특히 중국 북경의 가톨릭 선교사를 스스로 찾아가 영세를 받은, 세계 선교사에 유례를 찾기 어려운 이승훈은 정약용의 매부였습니다.

이러한 조선 지식인의 모습은 김용기 장로의 부친에게서도 확인됩니다. 1968년에 펴낸 김용기 장로의 두 번째 책 《가나안으로 가는 길》에 따르면(24쪽 이하), 그의 아버지는 농사를 짓고 살았지만 안동 김씨 가문 출신의 명백한 지식인이었습니다. 그런데 하루는 전도인이 집집마다 나눠준 쪽지 한 장을 읽게 됩니다. "하나님이 세상을 이처럼 사랑하사 독생자를 주셨으니 이는 그를 믿는 자마다 멸망하지 않고 영생을 얻게 하려 하심이라." 요한복음 3장 16절 말씀이었습니다. 그때 그는 이 말씀에서 '멸망'과 '영생'이라는 글귀에 주목합니다. 한학의 "순천자흥順天者興 역천자망逆天者亡"과 비슷해서였습니다. 그러나 곧 차이점을 발견합니다. '흥'이란 쇠약했던 것이 일어나는 것이며, '망'이란 흥했던 것이 쇠약해지는 것인데, 영생과 멸망은 단순히 힘이 커지거나 쇠약해지는 차원이 아니라 '영원히 살거나' '완전히 소멸하는' 것임을 발견합니다. 마침 세 살 난 아들 김용기가 병에 걸려 온갖 약과 의사뿐 아니라 굿이나 치성도 소용없던 차에, 그는 '영생'이라는 말에 모든 것을 겁니다. 그때까지는 한학을 연구하며 깨달은 바를 실천해왔는데, 그 이후로는 성경을 연구하며 깨달은 바를 실천하며 살게 됩니다.

내가 철들 무렵 아버지는 어린 나에게 때때로 들려주신 말씀이 있었다. "이 세상에서 가장 부끄러워해야 할 일이 일 않고 앉아서 먹는 일이며,

땀을 흘려서 먹는 것이야말로 가장 떳떳한 일"이라고. 그리하여 아버지는 나에게도 장차 농사일을 하라고 전하시고 조상들이 지은 죄를 속죄하는 뜻에서라도 더욱 땀을 흘려야 된다고 말씀하셨다.…그때마다 아버지는 성경의 창세기 3장 18절 이하, "땅이 네게 가시덤불과 엉겅퀴를 낼 것이라. 너의 먹을 것은 밭의 채소인즉 네가 얼굴에 땀이 흘러야 식물을 먹고 필경은 흙으로 돌아가리니" 하고 길게 인용하시며 그것이 하나님의 뜻인즉 어찌 역천逆天할까 부냐. 그에 따름이 마땅하다는 설명을 들려주시곤 하셨다.

_《가나안으로 가는 길》 21-22쪽

서구 전통 교리에서 창세기 3장 18절은 아담의 범죄로 인한 벌입니다. 에덴동산 추방으로 끝나지 않고 "얼굴에 땀이 흐르는" 수고를 감내해야 하는 것이 주어집니다. 벌은 면제받는 것이 상책입니다. 아니면 억지로 치러야 합니다. '땀 흘리는 수고'는 고행입니다. 중세 수도사들이 기도와 함께 노동을 한 이유도 이 때문입니다.

그러나 '경전' 전문가였던 조선 지식인에게 이 구절은 '하나님의 뜻'이며 삶의 일부분으로 다가왔습니다. 영생을 위한 '순천順天'의 길이었습니다. 그래서 김용기 장로의 부친은 양반의 체통을 버리고 노동 가운데 가장 힘들다는 농사일을 기꺼이 선택했으며, 아들에게 유언으로 농사일을 당부했습니다. 마을에서 가장 먼저 기독교를 받아들인 김용기 장로의 부친, 스스로 성경의 이치를 깨우친 이 조선 지식인은 '먹고 살기 위해' 농사일을 택하지 않고, '하늘의 뜻'을 따르기 위해 농사일을 기쁘게 받아들였습니다.

김용기 장로의 자서전 격인《가나안으로 가는 길》의 첫 장은 "성경과 한학을 배우다"라는 제목으로 시작합니다. 그는 부친에게 성경과 한학을 배웠으며, 자신도 모르는 사이에 아버지에게서 '조선 지식인 기독교'의 전통을 물려받았습니다. 김용기 장로 스스로도 부친이 기독교인이 된 것에 대해, "조상 대대로 유교사상에 젖은 그 후손인 한학자가 누구의 인도도 없이 신자가 되었으니 실로 희귀한 일이 아닐 수 없다"(같은 책, 24쪽)고 썼습니다.

'조선 지식인 기독교'의 전통은 일제 치하에서 김교신, 함석헌의 〈성서조선〉 발간과 함께 성직자가 아닌 '일반인'의 성경 연구로 다시 태어났으며, 해방 이후 다석 유영모에서 연세대 철학과 명예교수 김형석의 YMCA 성경 강의로 이어집니다. 이렇게 이어진 '일반인'의 성경 연구가 '조선 지식인 기독교'의 전통에서 약화시킨 부분도 있습니다. 바로 현장 적용입니다. 유교의 중요한 덕목인 '예禮'는 공동체에 필요한 것이지 무인도에서 혼자 사는 사람에게는 무의미합니다. 조선 지식인들이 '성경'이라는 경전을 연구해 그 뜻을 깨우친 다음에는 반드시 해야 할 일이 있었습니다. 깨달은 바를 국가와 사회와 자신이 속한 현장에 적용하는 것이었습니다.

'장로' 김용기는 일반인 성경 연구의 약점을 보완했다는 점에서 이 전통의 또 다른 축을 담당했습니다. 그는 탁월한 성경 해석자였습니다. 그는 성경을 '신학'의 전유물로만 두지 않고 '삶의 지침서'로 읽었습니다. 성경을 교회 지도자만 보는 책이 아니라 일반인도 읽고 이해하고 따를 수 있는 책으로 본 것입니다. 이것은 종교개혁자들의 사상이며 프로테스탄트 정신이고 '조선 지식인 기독교'의 온전한 전통입니다. 어려서부터 성경과 한학을 접하며 문리文理를 터득한 그는 생이지지(生而之知, 배우지 않아도 나면서부터 앎)의 전형이었습니다.

김용기 장로는 탁월한 성경 지식과 함께 늘 황무지라는 현장에 있었습니다. 그 황무지는 태초의 '에덴'이기도 했고 약속의 땅 '가나안'이기도 했습니다. 그는 단지 농촌 계몽운동을 전개한 사회활동가가 아니었습니다. 성경대로 살면 천국 '갈' 수 있다는 것보다, 성경대로 살면 천국을 '만들' 수 있다는 사실을 더 중히 여긴 신앙의 현실주의자였습니다. 현실에 근거하지 않은 이상은 아무리 숭고한 교리라도 '불완전 종교'로 여겼습니다. 니체의 표현을 빌리자면 "인간적인, 너무나 인간적인" 삶이 성경의 가르침 중 절반이라고 믿었습니다.

그러나 그는 성경의 다른 절반, 이 세상 일이 아닌 하늘의 일에 관한 가르침도 무시하지 않았습니다. 현실이 눈에 보이는 것만으로 이루어지지 않았음을 잘 알았기 때문입니다. 인간이 밥만으로 사는 존재가 아니라는 사실이 '눈에 보이지 않는 현실'이 있음을 증명한다고 믿었습니다. 그래서 그는 육신의 현장인 황무지만큼이나 영혼의 현장인 교회를 소중히 여겼습니다. 그는 평생 교회를 떠난 적이 없습니다. 그가 새로 개척하는 황무지에는 단 한 번도 예외 없이 교회가 먼저 세워졌습니다.

여기서 '현장'이란 단순히 어떤 장소나 모임이 아닙니다. 영어로는 '필드field'인데, 골프 치는 사람들이 말하는 그 필드입니다. 골프 연습장과 필드의 차이는 무엇일까요? 두말할 필요도 없이 '코스가 있느냐 없느냐'입니다. 필드는 대개 18홀인데, 홀마다 다양한 코스가 있습니다. 골프채로 공을 치는 행위는 골프 연습장에서도 할 수 있지만, 풀과

막사이사이상 시상식
이때 김용기 장로는 "한 손에는 성경을, 한 손에는 삽을 든 개척자"라는 평가를 받는다.

물과 모래와 경사와 구덩이가 만들어내는 다양한 코스는 필드에만 있습니다. 현장이란 골프장의 필드처럼 변화무쌍한 곳입니다. 황무지를 현장이라고 부르는 이유는, 논밭과 달리 돌과 흙과 잡목은 물론이고 무엇이 나올지 모르는 미지의 땅이기 때문입니다. 교회 역시 남녀노소와 빈부귀천 구분 없이 모일 때 그 다양성으로 인해 '현장'이 됩니다.

김용기 장로는 특정 계층이나 비슷한 성향의 사람만 모이는 신앙 공동체가 아니라, 각양각색의 사람이 모이는 교회를 세움으로 성경의 또 다른 절반을 '현장'에 적용했습니다. 교회라는 현장에 적용되지 않는 성경은 '인문학 고전'일 뿐입니다. 아울러 현실의 다양한 삶에 적용되지 않는 성경은 '종교적 도구'일 뿐입니다. 김용기 장로는 풀 한 포기 자라지 않는 황무지에서라도 땀을 흘리면 먹을 것이 생긴다는 진리를 평생에 걸쳐 다섯 번이나 증명했습니다. 아울러 전국의 교회를 찾아다니며 "사람이 떡으로만 사는 것이 아니라"라는 말씀으로 '영육생활부흥회'를 인도했습니다.

1966년 8월 31일, 김용기 장로는 막사이사이상 사회봉사상을 수상했습니다. 당시 우리나라 1인당 국민소득이 125달러였는데, 막사이사이상 상금이 1만 달러였으니 상의 위상을 짐작할 만합니다. 외신기자들도 김용기 장로의 막사이사이상 수상에 큰 관심을 보였습니다. 당시 그를 취재한 외신기자 가운데서 "한 손에는 성경을, 또 한 손에는 삽을 든 개척자"라는 말이 나왔습니다. 이후 이 말은 장로 김용기의 정체성을 대표하는 문구가 되었습니다. 참고로 그는 상금을 가나안농장 안에 있는 교회의 증축 비용으로 사용했습니다. 3백 데나리온이나 되는 향유 옥합을 깨뜨려 예수의 머리에 부었던 여인처럼 말입니다.

"조국이여 안심하라"

이 문구는 1938년에 '봉안 이상촌'을 함께 세운 평생 동지 여운혁과 김용기 장로가 손잡고 찍은 사진에 처음 등장합니다. 이후 김용기 장로가 가나안농군학교를 설립하고 구국기도실을 만들 때도 입구에 이 문구를 써서 붙입니다.

1930년에 발행된 잡지 〈삼천리 제7호〉는 프랑스와 독일과 러시아의 국가國哥를 소개하는데, 그 당시의 독일 국가로 소개된 〈라인의 수비Die Wacht am Rhein〉의 후렴에 "사랑하는 조국이여, 안심하라Lieb'

"조국이여 안심하라"

봉안 이상촌을 시작하면서 김용기(왼쪽) 장로와 여운혁이 손을 꼭 잡고 '조국의 미래' 앞에 섰다.

Vaterland, magst ruhig sein"는 표현이 반복돼 나옵니다. 물론 정식 독일 국가는 1922년에 바이마르 공화국이 제정한, 개신교 찬송가 〈시온성과 같은 교회〉의 곡이기도 한, 하이든의 곡조에 호프만이 가사를 붙인 〈독일의 노래Deutschlandlied〉였지만, 실제로는 "사랑하는 조국이여, 안심하라"라는 후렴구로 유명한 〈라인의 수비〉가 더 많이 불렸습니다. 험프리 보가트가 주연한 영화 〈카사블랑카〉에서 술집에 들어온 나치 독일군도 이 노래를 부릅니다.

시기로 보아 김용기 장로가 독일 국가 가사를 차용했다고 짐작할 수 있는데, 그 원조가 중요한 것은 아닙니다. 오히려 숭고하고 가슴 뭉클한 이 말을 어떻게 사용했는지가 더 중요합니다. 독일인은 이 노래를 전쟁에 사용했습니다. 그것도 유럽과 아시아와 아프리카와 호주와 아메리카까지, 전 세계를 화마로 몰아넣은 히틀러의 침략 전쟁에 사용했습니다. 남의 조국을 불바다로 만들면서 자신의 조국에게는 "안심하라"라고 목이 터져라 외쳤습니다. 유태인의 씨를 말리겠다고 무려 6백만 명이나 학살하면서 "사랑하는 조국이여, 안심하라"라고 노래했습니다.

이 노래는 처음부터 전쟁을 위해 탄생했습니다. 독일 제국이 빌헬름 1세 때 프랑스와 국경을 두고 분쟁하는 와중에 만들어진 노래입니다. 적에게 영토를 단 한 치도 빼앗길 수 없다는 굳건한 의지를 강조하는 가사 덕분에 황제가 작사자에게 상금도 수여합니다. 그러니 히틀러의 제3제국 시절에 정식 국가 대신에 이 노래를 국가처럼 부를 만도 했습니다. 결국 제2차 세계대전이 끝나고 이 노래는 독일에서 금지곡이 됩니다. 가사 자체는 "목을 따고" "피로 발을 적시는" 프랑스 국가 〈라마르세예즈)보다 온건하고, "사랑하는 조국이여, 안심하라"라는 멋진 표현이 있지만 독일 군국주의가 애용한 탓에 금지곡으로 지정됩니다.

똑같은 말이나 사상이라도 누가 어떻게 사용하느냐에 따라 운명이 갈립니다. "조국이여 안심하라"는 김용기 장로가 사용하면서 다시 빛을 봅니다. 앞서 말했듯 김용기 장로가 여운혁 동지와 손을 굳게 잡고 찍은 사진에 이 말을 써넣은 때는 1938년입니다. 경기도 양주군 능내면 봉안 마을에 '봉안 이상촌'을 세우던 시기였죠. 림영철 교수는《일가 김용기와 가나안 이상촌 운동》에서 동서양의 '이상촌 운동' 역사와 구한말에서 일제강점기까지의 '이상촌' 역사를 자세히 설명합니다. 그중에서 김용기 장로의 봉안 이상촌은 기존 마을을 이상촌으로 변모시킨 사례라는 점에서 큰 의미가 있습니다. 대다수 이상촌 운동은 토마스 모어의《유토피아》가 '존재하지 않는 지역[u(없는)+$topia$(지역)]'을 가리키듯이 기존 지역을 탈피하는 경향을 보입니다. 그러나 김용기 장로는 "(하나님의 나라는) 또 여기 있다 저기 있다고도 못하리니 하나님의 나라는 너희 안에 있느니라"라는 성경 말씀대로 자신이 나고 자라고 농사짓던 고향 마을에 이상촌을 세웁니다.

일정한 규모 이상의 큰 건물은 수리하는 것보다 헐고 새로 짓는 편이 훨씬 쉽고 비용도 적게 든다고 합니다. 김용기 장로의 이상촌이 위대한 까닭은 새로운 곳에 새로운 마을을 세워서가 아니라, 몇백 년 이어온 오래된 지역에 새로운 마을을 세웠기 때문입니다. 따라서 그는 "조국이여 안심하라"라고 말할 수 있었습니다. 오래되어 낡고 힘없고 가망 없어 보이는 조국이지만, 자신이 살던 작고 가난하고 오래된 마을이 이상촌으로 변모했듯이, 땀과 수고만 들이면 '이상국가'로 변모

하리라 믿었습니다. 이 믿음이 신사참배와 창씨개명과 공출을 거부하고 일제에 저항하는 힘이었습니다.

1938년은 식민 통치기간 중에 가장 악랄했던 전시체제 초창기였습니다. 그야말로 내로라하는 조선 지식인들이 본격적으로 친일 활동에 나선 시기였습니다. 왜 그랬을까요? 이들은 세계정세를 파악하는 능력과 서구 열강에 대한 많은 지식을 보유했지만 믿음이 없었습니다. 조국이 변할 수 있다는 믿음을 갖지 못했습니다. 조국을 안심시키기는 커녕 자신의 운명도 안심시킬 수 없었기 때문입니다. 이 사실을 단적으로 보여주는 사례가 이광수의 답변입니다. 해방 이후 왜 친일을 했느냐는 질문에 그는 이렇게 답합니다. "이렇게 될 줄 누가 알았나…."

김용기 장로는 1945년 해방과 함께 일제 말기 자신의 집에 모셨던 몽양 여운형의 부름을 받아 서울로 갑니다. 봉안 이상촌은 그가 없어도 아무 문제없이 잘 운영되는 체제였고, 그는 이상촌 운동을 전국적으로 전개하려는 사명감에 불탔습니다. 1947년에 이일선 목사가 《봉안 이상촌》이라는 탐방기를 남기는데, 그때도 봉안 이상촌은 혼란한

봉안 이상촌
1차 개척지인 이곳은 한국전쟁 때 중공군의 본부로도 사용되었으며, 그로 인해 유엔군의 폭격으로 완전히 파괴된다.

해방 정국과는 관계없이 그야말로 '조국이 안심할 수 있는' 곳이었습니다. 그러나 1950년에 남하한 중공군이 이상촌을 본부로 사용했고, 이를 유엔군이 집중 폭격해 봉안 이상촌은 완전히 파괴됩니다. 적군이 아닌 아군의 폭격으로 파괴된 이상촌의 역설적 운명은 오스트리아 가수 우도 위르겐스Udo Jürgens가 1970년에 발표한 "사랑하는 조국이여 Lieb Vaterland"를 떠오르게 합니다.

사랑하는 조국이여, 그대는 나쁜 시기가 지난 후
어두운 심연에서 새로운 길을 찾았다네.
나는 그대를 사랑한다.
이것은 내가 그대를 사랑한다는 뜻이지.
품위 있는, 뭔가 지치고 늙은 신사처럼.

난 그대를 깊이 사랑할 수 없다네.
그대는 지나치게 우리에게 많은 죄를 지었네.
그대가 모두에게 곧장 주기로 약속한 자유는
선택된 자만 누릴 수 있다네.

사랑하는 조국이여, 안심하라.
거대한 울타리는 숲과 물가에 있다.
그리고 아이들은 길가에서 논다네.
사랑하는 조국이여!(1절)

봉안 이상촌은 사라졌어도 김용기 장로는 "조국이여 안심하라"라는 말을 버리지 않았습니다. 그는 자신의 기도실 입구에 그 말을 써 붙였습니다. 김용기 장로의 신앙생활은 주일 하루를 지키는 것이 전부가 아니었습니다. 그는 하루에 네 시간씩 평생 기도했습니다. 새벽 4시에 기상해 두 시간, 오후 4시부터 6시까지 두 시간, 그는 매일 기도했습니다. 그 기도는 당연히 조국과 민족을 위한 것이었습니다. 철저한 반공주의자였지만 김일성과 김정일을 위해서도 기도했습니다. 그들이 예수 믿고 회개하도록 기도했습니다. 이런 '구국기도'가 무서워 북한이 전쟁을 일으키지 않는다는 이야기가 있을 정도였습니다.

1988년 서울올림픽이 열리던 해에 김용기 장로는 하늘의 부름을 받았습니다. 부름 받기 전 병이 위중한데도 원주 신림의 가나안농군학교 제일 높은 곳에 직접 블록을 지고 올라가 개인 기도실을 지었습니다. 물론 자신의 '구국기도실'이 있었지만, 다른 사람들도 자신처럼 기도할 수 있도록 치악산 줄기 가파른 산기슭에 개인 기도실을 80개나 만들었습니다. 자신뿐만 아니라 개인 기도실에 들어와 기도하는 모든 사람들 때문에 "조국이 안심할 수 있도록" 말이죠.

가나안농군학교

근로와 봉사와 희생을 담금질하는 풀무

김용기 장로처럼

1962년 2월에 김용기 장로는 자신과 가족만의 힘으로 가꾼 가나안 농장 안에 가나안농군학교를 설립했습니다. 53세 때였습니다(호적상 1912년생이나 실제로는 1909년생). 처음에는 농장이 학교였고 학교가 농장이었지만, 차츰 농장이라는 인식은 사라지고 모두가 학교로만 받아들이게 됩니다. 지금은 어느 누구도 가나안농군학교가 '학교'라는 사실을 부정하지 않지만, 이 학교는 처음부터 제도권 테두리 밖에 있었고 그 안으로 진입하려는 시도조차 하지 않았습니다. 제도권에서 배제된 것이 아니라 애초부터 제도권 테두리로 가둘 수 없는 초월적 존재였습니다.

원주시 신림면의 가나안농군학교에는 '교문'이 없습니다. 중앙선 철도 밑으로 난 통로를 지나면 바로 앞에 넓은 경작지가 펼쳐지고 그 옆

길을 따라 올라가면 군데군데 건물이 보입니다. 그 어떤 건물도 잠겨 있지 않습니다. 개인 거주 공간을 빼고는 모든 건물 모든 방이, 심지어 교장실조차 24시간 열려 있습니다. 그 어떤 인위적 테두리에도 갇히기를 거부했던 김용기 장로의 정신이 여전히 살아 있습니다.

가나안농군학교는 더 이상 '단독'으로 존재하지 않습니다. 1973년에 제2가나안농군학교를 설립한 이래, 현재는 양평 가나안농군학교(원래 하남의 제1가나안농군학교), 영남 가나안농군학교, 그리고 동남아 12개국에 설립된 가나안농군학교 열네 곳까지 포함하는 '공동체'입니다. 그러나 모든 학교는 '독립적'입니다. 지금도 김용기 장로의 사상을 구현하려는 사람은 누구나 가나안농군학교를 설립할 수 있습니다. 그런데 김용기 장로를 직접 만나서 배운 사람은 그의 사상이 몸에 배어 있지만, 한 번도 만나지 못하고 잘 알지도 못하는 사람은 그의 사상을 자세히 살피고 익혀야 합니다. 그래서 이 책을 썼습니다. '샤넬처럼' 하는 것이 패션이라는 말이 있듯이 '김용기 장로처럼' 하는 것이 가나안농군학교이기 때문입니다.

왜 '일가'인가

일가—家는 김용기 장로의 호號입니다. 이름은 부모가 지어주지만 호는 스스로 짓습니다. 그래서 호에는 본인의 관심사나 다른 이에게 알리고 싶은 자신만의 의지가 반영됩니다. '일가'라는 호는 해방 직후에 있었던 한 사건에서 비롯합니다. 그의 차남인 김범일 가나안농군학교(원주) 교장이 회고록에서 이 사건을 잘 설명하고 있습니다.

우리가 신당동에서 살 때였다. 몽양 선생님과 아버지는 나라를 바로 세울 때 필요할지도 모른다 하여 무기들을 얼마간 확보해놓으셨다. 그러나 아버지가 농민 동맹 일에서 손을 떼고 농사만 짓기로 결심하자 이 무기들이 필요 없게 되었고, 삼각산 농장으로 이사하면서 무겁기만 한 무기들을 신당동 집 마당에 묻어버린 일이 있었다. 그런데 일이 꼬이느라고 그랬던지, 신당동 집에 이사 온 사람들이 김칫독을 묻기 위해 마당을 파다가 무기를 발견하고 경찰에 신고하는 바람에 바로 아버지와 인구네 아저씨가(*여운혁) 체포되셔서 함께 6개월간 교도소 신세를 지게 되었다.…아버지가 일가─家라는 호를 얻게 된 것도 이 교도소에서였다고 한다. 마루에 누워 있는데 천장의 대들보와 서까래가 '一家'라는 글자를 이루는 꿈을 꾸시고 '온 백성이 한 가정'이라는 사상을 가지고 살 것이며, 그러기 위해 내 가정부터 바르게 세워나가자는 뜻에서 일가─家를 '호'로 정했다는 말씀을 들은 적이 있다.

_《꿈꾸는 자만이 이루리라》 44쪽

강원룡 목사의 자서전 《빈들에서》(전3권) 제1권에도 이 일화가 나오는데, 그는 '일가'의 '家'자를 놓고 '돼지우리' 같은 감방을 묘사한 것이라고 설명합니다. 그런데 김범일 교장의 말대로 '모두가 한 가족'이라는 뜻의 '일가'는 김용기 장로가 전혀 예상치 못했던 방식으로 그 의미를 실현합니다.

첫 번째는 1954년에 이루어진 제4차 개척지, 경기도 광주군 동부면 풍산리의 가나안 농장 개간에서입니다. 순서상 네 번째 개척이지만, 이전의 모든 개척과 전혀 다른 새로운 시도였습니다. 그 이유는 다음

용인 에덴향
용인 에덴향은 동지 40여 명과 공동체 생활을 하며 일궜으나, 4차 개척지 가나안 농장은 김용기 장로의 가족만으로 1만 평 황무지를 개간한다.

과 같습니다.

봉안 이상촌을 제외하고는 그동안의 일터가 전부 남들의 소개로 얻어진 곳이었다면 이곳 가나안 농장의 건설은 내가 직접 찾아서 한 곳이었다.

_《가나안으로 가는 길》 214쪽

이 말은 '혼자'라는 의미였습니다. 가나안을 향해 떠나는 아브라함처럼 김용기 장로는 가족만 이끌고 혼자 출발했습니다. 1952년부터 1954년까지 개척했던 용인 '에덴향'은 동지 40여 명과 공동체 생활을 하면서 개간했습니다. 경제적 실권을 쥔 강태국 목사와의 의견 차이로 그곳을 떠난 터라 이제부터 모든 일은 김용기 장로와 그의 가족 몫이었습니다. 1만 평 황무지는 풍산리라는 이름이 무색할 정도로 척박해

주민들조차 '황산'이라 불렀습니다. 김용기 장로는 5개년 계획을 세우고, 풀 한 포기 자라지 않고 벽돌 공장만 있던 그곳을 오직 '한 가족—家'만의 힘으로 옥토로 만들어냅니다. 일가라는 호는 가나안 농장의 성공으로 그 의미를 처음 실현합니다.

그다음으로 1962년에 시작한 가나안농군학교가 본격적으로 '일가'라는 뜻을 실현합니다. 가나안농군학교는 김용기 장로의 포트폴리오에는 원래 없었습니다. 하지만 김용기 장로의 설명에 따르면, 가나안농군학교 설립은 결과적으로 매우 자연스러운 일이었습니다.

내가 집에다 농군학교를 세운 것은 처음부터 계획한 일이 아니었다. 그러므로 우리 집의 구조도 물론 처음부터 농군학교를 만들려고 계획하고 지은 집이 아니고 그냥 보통 가정 살림집으로 지은 것이다.···그러면 어떻게 해서 개인주택이 농군학교로 되었는가? 과거 30-40년 전 우리나라에도 한때 농촌운동이 크게 활기를 띠었을 때가 있었다. 그것은 민족운동의 일단으로서 이루어졌던 것이었으나, 일제의 장애가 많았고 또 운동자들의 인내 부족 등으로 해서 영구 지속되지 못하고 겨우 싹이 트다 말라버리는 버섯처럼 되어, 농촌의 피폐는 날이 갈수록 심해지고 농군을 천하게 여기며 농촌의 재생을 찾을 방도가 없게 되었다. 그러나 농촌이 피폐하고는 나라가 바로 설 수 없으며, 바로 서지 못한 나라의 백성으로서 개인의 행복을 누릴 수 없다는 것이 나의 신조이기 때문에, 나는 스스로 농사꾼이 되었으며 그것을 모든 사람들에게도 주지시키기 위하여, 농사짓는 여가를 이용하여 전국 방방곡곡에 돌아다니며 강연 집회를 해온 것이 30여 년이다.···그러나 그 효과가 얼마나 났는지에 대해서는 알 수가 없지만 나는 역시 입으로의 운동에만 그치지 않고 부단한 실천을 통하여 황무지에서 먹을 것을 낳게 했으며, 실제로 우리의 살길을 실천을 통한 나의 생활로써 제시했으므로 그것을 처음에는 이웃 사람들이 보게 되었고, 차츰 전국적으로 퍼져 알게 되어 마침내는 자진하여 나한테 그 길을 배우기를 위하여 모여드는 사람들이 날로 늘게 되었고 그렇게 시작된 것이 농군학교이다.

_《가나안으로 가는 길》 278-279쪽

따라서 김용기 장로의 첫 책인《참 살길 여기 있다》의 21장 제목은 "가족으로 이룩된 농군학교"입니다. 제목만 보아도 가나안농군학교가 가족 중심으로 이루어졌음을 알 수 있습니다.

처음부터 하나님은 우리에게 흙을 주어서 흙에서 나는 소산을 먹고 살도록 한 것인데, 이 원리를 떠나서 살 수 없다는 것이 나의 철칙이요 땅에서만 행복을 얻을 수 있다는 것이 나의 신조이기 때문에 많은 지도자가 쓰러지고 넘어져도 나는 누구에게나 나의 신조를 굽히지 않고 전국 방방곡곡으로 돌아다니며 생활개선과 농촌진흥운동을 한 것이 30여 년이다. 입으로만 선전하고 학리學理로만 가르치는 것에 만족한 것이 아니므로 나는 말을 실천에 옮겨 한 사람이라도 더 교육하고자 하는 것이 나의 평생소원이 되었다.…그래서 이것을 실천에 옮겨 나의 집을 교사校舍로 만들고 한 사람의 농군이라도 이론의 교육보다 실제의 교육을 목표하고 나의 개간한 토지를 실습지로 사용하고, 5-6년 학리學理로 전공한 학생을 단기 훈련일지라도 실제 교육을 시키는 것이 나의 목적이었다.…한방에서 자고 깨고 생활하며 강의를 받게 된다.…우리 농군학교의 교사진은 우리의 가족이다. 학교의 교육방법이 우리 가정 안에서 우리 가정을 본받아 교육하게 되므로 전 가족이 상임 교사진이 되고…우리 가정으로 이룬 농군학교가 개교하게 됨으로 온 가족이 분망하고 살림방이 교실이 되어 가족으로서 가질 수 있는 단란함이 희생된다 해도 과언이 아니다. 그러나 우리 학교로 인하여 농촌 발전에 조금이라도 도움이 된다면 더 기쁜 일이 없고….

_《참 살길이 여기 있다》 216-221쪽

김용기 장로는 의식하지 않았을지 모르지만, 여기서 '가족'은 단지 김용기 장로의 가족만이 아닙니다. 김용기 장로 부부의 거처뿐 아니라 아들과 며느리, 딸의 거처까지 교육생 숙소로 사용해 모두가 함께 먹고 자는 생활, 이것은 단지 공간이 부족해서, 아니면 교육생을 하나라도 더 받으려는 욕심 때문이 아니었습니다. 교육생을 '한 가족一家'이라고 여겼기 때문입니다. 가족을 '식구食口'라고 합니다. '(함께) 먹는 입'이라는 뜻이죠. '한솥밥'을 먹는다는 것은 그만큼 의미가 큽니다. 혈연이 아니라도 얼마든지 가족이 될 수 있다는 조건이기 때문입니다. 따라서 가나안농군학교가 누구든지 '함께 먹고 자면서' 일하고 공부하는 곳으로 출발하면서 '한 가족一家'의 의미를 실현했습니다.

교육 받을 동안만 '한 가족一家'으로 지낸 것이 아닙니다. 교육을 마치고 돌아가는 수료생들은 '분가分家'했습니다. 김용기 장로 가족들과 함께 먹고 자고 생활하면서 배운 '가정생활'을 원래 살았던 곳으로 돌아가 그대로 실천했기 때문입니다.

박완 작가가 편집한《이것이 가나안이다: 김용기 장로와 가나안농군학교》(규장)는 김용기 장로를 다룬 언론 기사들을 그대로 수록하고 있습니다. 그중 편집상 문제로 매체명을 알 수 없는 한 기사에서 김용기 장로는 다음처럼 역설합니다. "새마을운동의 성공을 위하여 전국에 153개 가족 농군학교를 세우자." 농군학교가 153개인 이유는 전국의 시군이 153개였기 때문입니다. 그런데 중요한 사실은 '가족 농군학교'라는 표현입니다. 1979년 기사니까, 1962년에 가나안농군학교를 설립한 지 17년이 지났는데도 김용기 장로는 가나안농군학교의 정체성을 여전히 '가족'에 두고 있습니다. 그는 자신이 세운 가나안농군학교만 커지기를 바라지 않았습니다. 그는 자신의 가나안농군학교를 모태로 끊임없이 새로운 가나안농군학교들이 태어나서 '분가'하기를 원했습니다.

따라서 '일가'의 사상을 따른다는 것은 가족 단위의 가나안농군학교가 늘어나는 것임을 이해해야 합니다. 그리하여 대한민국을 넘어 세계 각지에 가나안농군학교가 세워지고 그 모든 학교들이 분가한 '한 가족'이라는 유대감을 가진다면 60여 년 전에 일가 김용기 장로가 꿈에서 보았던 일가—家라는 글자의 의미가 비로소 실현되는 것이겠지요.

왜 '가나안'인가

그다음 이 개척지의 이름을 무엇으로 하느냐에 무척 골몰했습니다. 왜냐하면 이름이 상당히 중요하기 때문에 이름에 꿈도 담고 내용 있는 이름이어야 했기 까닭이었습니다. 그때 이 지역의 이름이 황산黃山, '누를

황'이었습니다.…이곳에 심씨, 홍씨, 박씨, 최씨 등 4백 호가 모여 살고 있었는데, 여자들은 중학생이 없었고 남자들은 대학생이 없었습니다. 술 꾼뿐이었습니다. 고구마나 감자는 전혀 안 되고 호밀하고 메밀만 생산 되었습니다. 그래서 황산의 반대인 '가나안'이라고 이름을 지었습니다.…'가난'한 것이 무엇이냐고 하기에 '가난'이 아니고 성경에 나오는 '가나안'이라고, 젖과 꿀이 흐르는 택한 백성에게 약속으로 주신 축복의 땅, 자유와 희망이 넘치는 땅, 하나님이 지켜주시는 땅, 잃었던 것을 다시 찾는 땅…자유, 희망, 복지, 회복 등 '황산'이 변하여 '가나안'이 되었다고 했더니 '가난'이나 '가나안'이나 마찬가지라고 해서 다시 노래를 만들었습니다.…또 한 번은 길거리에 세워놓은 〈가나안〉 간판이 박살이 났답니다. 이유를 알아본즉 트럭 운전기사가 지나가다 이곳에서 차가 고장이 났습니다. 아무리 고쳐도 안 되니까 간판 때문이라며 부쉈다고 했습니다. 〈가나안〉 간판을 거꾸로 읽어서 〈안나가〉로 해석했던 것입니다.[1]

_〈가나안 강의록: 김용기/김종일/김범일〉 73-74쪽, 김범일 교장 강의 "가나안 개척사" 중에서

초창기에 '가나안'이란 이름은 별로 환영받지 못했습니다. 그럼에도 김용기 장로는 가나안이라는 이름을 고수했으며 이제는 일종의 브랜드가 되었습니다. 왜 가나안이라는 이름을 선택했는지는 단순합니다.

---

1 요즘 '가나안'이라는 말이 한국 교회의 실상을 보여주는 키워드로 등장했다. '가나안'이라는 글자를 거꾸로 읽으면 '안나가'인데, 기독교인이면서 교회에 '안 나가'는 사람들을 일컫는 용어다. 이 말을 처음 사용한 것은 1971년 함석헌 선생으로 알려져 있다(《가나안 성도 교회 밖 신앙》 21쪽). 그런데 당시 함석헌 선생과 김용기 장로의 긴밀한 관계를 염두에 두면 함석헌 선생의 이 말은 '가나안' 농장이 당했던 에피소드에서 비롯되었을 가능성이 크다.

가나안은 복의 상징이었으며 김용기 장로가 본격적으로 전개하려는 운동의 목표였기 때문입니다. 성경에 정통한 김용기 장로는 '젖과 꿀이 흐르는 땅', 성경이 약속한 복이 자신의 농장을 통해서도 실현되리라 믿었습니다. 그리고 그 믿음을 증명했습니다.

> '가나안Canaan'은 성경에 나오는 지금의 팔레스타인의 옛 이름으로 여호와께서 아브라함에게 약속한 땅이며, 이스라엘 백성에게 점령당한 이 땅의 주민들은 이스라엘 백성에게 농사법과 그 밖에 필요한 기술을 가르쳐주었을 만큼 민도가 높았고,[2] 농사짓고 살기에 알맞은 땅이었다. 그리하여 그 이후 '젖과 꿀이 흐르는 땅'의 대명사로도 쓰이고, '이상적인 곳', '하나님의 축복을 받는 곳' 등의 의미로도 불리었다.
>
> _《가나안으로 가는 길》 238쪽

그러나 '가나안'이라는 이름이 단순한 복의 상징이 아니며, 성경의 매우 중요한 이념과 관련 있다는 사실을 처음에는 김용기 장로도 의식하지 못했습니다. 가나안 땅을 기름진 곳, '기막힌 복지 사회'이자 이상향의 대명사로 여겼지만, 그의 이 같은 인식은 돌아가시기 6년 전에 달라집니다.

우리 농군학교를 찾아오거나 그동안 발간된 내 저서를 읽은 사람들은

---

2 이스라엘 백성이 가나안 원주민에게 농사기술을 배웠다는 의미가 아니라, 가나안 원주민에게는 이스라엘이 배울 만한 농사기술이 있었다는 의미로서, 그만큼 가나안 원주민의 수준이 높았음을 말한다. 김용기 장로의 이 해석은 팔레스타인 지역의 고고학적 증거로 충분히 입증되었다.

농군학교 개척의 40년 역사가 '이스라엘'의 시련과 영광을 압축한 것 같다고 흔히 얘기한다.… 50년 전의 나는 성경을 통해 '이스라엘' 민족의 역사를 알았을 뿐 그 이상의 아무런 관심도 이 시련중첩의 민족과 나라에 대해서 생각해본 바가 없다. 그러나 남들이 하도 '이스라엘'의 영광과 가나안 개척사를 비교하는 터라 최근 이 나라에 대한 저서를 구입하여 숙독할 기회를 가졌다. 내가 '이스라엘'의 인문과 지리를 뒤지면서 가장 놀란 것은 우리나라의 강원도만 한 이 좁은 나라가 지구의 축소판이라는 점이다.…북한에 있는 실지까지 합한 강원도만 한 땅에 열대, 한대, 습지대, 사막, 평지, 구릉지, 바다, 호수, 강, 염호가 뒤섞여 있어 지구의 미니판이 되고 있는 것이다.…내가 이 특수한 나라의 농사조건을 보면서 감동한 것은 하나님이 약속한 이 축복의 땅을 끊임없이 가꾸고 돌보면 풍요한 수확의 옥토가 되지만 조금만 방심하면 '팔레스타인'이란 땅은 양羊을 기르는 것 외에는 방법이 없는 황무지가 되어버린다는 점이었다.…"일하지 않는 자는 먹지도 말라"라는 말은 유태인에게는 불필요한 교훈이라 할 수 있다. 부지런하고 세심하며 환경의 변화에 민첩하지 않으면 먹지 못하게 풍토조건이 구성되어 있는 것이다.…내가 제1 농군학교를 세운 경기도 광주군 풍산리는 속칭 황산荒山으로 불리워져왔다. '거친 뫼'로 풀이되는 이 황량한 버려진 땅을 '가나안'이라고 명명한 것은 이 거친 땅을 개척하여 '가나안'으로 만들고자 하는 의지의 표현이었다. 내 땀과 믿음으로 거친 땅을 옥토로 만들고(福地化) 사랑과 믿음을 심고자 함에서였다. 4백 년간의 '이집트' 포로 생활을 청산하고 가진 고난 끝에 '가나안'에 도착한 '이스라엘' 백성은 "젖과 꿀이 흐른다"는 약속의 땅이 황량한 들판인 것에 놀라고 실망한다. 그러나 이것이야말로 하나님의 뜻인 것이다. 일하는 자에게는 풍요와 축복이 약속되지만 그렇지 않은 자에겐 버림과 시련만이 남는 곳이 '가나안'인 것이다.

_〈영광된 내일을 위하여〉 302~303쪽

김용기 장로는 새롭게 인식한 가나안 땅(팔레스타인)의 현실을 통해, 황무지였던 가나안 농장이 성경이 약속했던 가나안 땅과 매우 흡사함을 확인합니다. 그리고 황무지를 개척해 '복지사회'를 건설하는 일이 하나님께서 원하시는 일인 줄 깨닫습니다. 그리하여 '가나안'이라는 말은 처음에는 제4차 개척지의 명칭으로 쓰였으나, 시간이 흐를수록 가나안농군학교의 핵심 교육 이념의 대명사가 됩니다. 신이 이스라엘 백성에게 요구한 참 살기와 김용기 장로가 이 시대의 사람에게 전파하기 원했던 참 살기가 바로 그 이념입니다. 성경과 김용기 장로가 가르치는 참 살기의 지침들, 이를 '가나안 정신'이라 정의할 수 있습니다.

가나안 정신은 성경에서 나왔지만, 그 신앙적 이념을 사회적·교육적 실천 내용으로 만든 이는 김용기 장로입니다. "왜 가나안인가?"라는 질문에 한마디로 답한다면 '가나안 정신'이 지닌 가치 때문입니다. 그런데 일찍이 그 가치를 깨닫고 평생 그 가치를 캐내서 자신만 소유하지 않고 모든 사람과 나누려 애썼던 김용기 장로의 고귀한 수고 덕분에 그 정신은 더욱 빛이 나고 있습니다. 그리고 그 열매는 바로 '가나안농군학교'입니다.

가나안농군학교, 의식 개혁과 생활개선의 현장

가나안농군학교의 교육 이념과 마찬가지로 성경도 '가나안 땅에서 살려면' 의식 개혁을 먼저 해야 한다고 요구합니다. 가나안의 삶은 이집트나 광야의 삶과 다르니 생각부터 달리해야 한다는 것입니다. 성경은 가나안 땅과 이집트(애굽) 땅이 이처럼 다르다고 말합니다.

네가 들어가 얻으려 하는 땅은 네가 나온 애굽 땅과 같지 아니하니 거기서는 너희가 파종한 후에 발로 물 대기를 채소밭에 댐과 같이 하였거니와 너희가 건너가서 얻을 땅은 산과 골짜기가 있어서 하늘에서 내리는 비를 흡수하는 땅이요 네 하나님 여호와께서 권고하시는 땅이라. 세초부터 세말까지 네 하나님 여호와의 눈이 항상 그 위에 있느니라(신 11:10-12).

세계에서 가장 긴 강이 있는 이집트에서는 원하는 때에 얼마든 물을 댈 수 있지만, 가나안에서는 비가 내려야만 물을 얻을 수 있었습니다. 비는 하나님이 주관하시기에 가나안은 언제나 하나님의 도움이 필요한 곳입니다. 결국 가나안은 사람의 노력만으로는 살 수 없는 곳입니다.

그러니 가나안 정신은 자기만의 생각대로 살 수 없다는 사실을 깨닫는 것입니다. 이것이 의식 개혁의 출발점입니다. 하지만 의식 개혁은 자기 생각을 포기하는 것만이 아닙니다. 그 빈자리를 다른 생각으로 채워야 합니다. 그 순간부터 삶의 방식도 바뀌게 됩니다. 자신이

'원하는 것'을 추구하는 삶이 아니라, 자신에게 '유익한 것'을 추구하는 삶이 됩니다. 사람들은 유익한 것을 바라지만, 바라는 것들이 늘 유익하지는 않습니다. 자신이 원하는 것을 추구하고 살려면 자기 생각대로 살아도 됩니다. 하지만 자신에게 유익한 것을 추구하고 살려면 끊임없이 배워야 합니다. 원하는 것은 동물적 본능만으로도 알 수 있지만, 유익한 것은 지·정·의가 상호작용해야 알 수 있기 때문입니다. 가나안농군학교의 교육 과정이 의식 개혁을 그토록 강조하는 이유는 사람들이 원하는 것 대신에 그들에게 유익한 것을 주기 위해서입니다.

> 내가 오늘날 너희에게 명하는 나의 명령을 너희가 만일 청종하고 너희의 하나님 여호와를 사랑하여 마음을 다하고 성품을 다하여 섬기면 여호와께서 너희 땅에 이른 비, 늦은 비를 적당한 때에 내리시리니 너희가 곡식과 포도주와 기름을 얻을 것이요 또 가축을 위하여 들에 풀이 나게 하시리니 네가 먹고 배부를 것이라(신 11:13-15).

그런데 성경에서 요구하는 의식 개혁과 가나안농군학교에서 강조하는 의식 개혁은 한마디로 군인 정신이라 할 수 있습니다. 성경은 노예 생활하던 이집트에서 풀려나 가나안으로 향하는 이스라엘 백성의 정체성을 다음같이 표현합니다.

> 사백삼십 년이 끝나는 그 날에 여호와의 군대가 다 애굽 땅에서 나왔은즉(출 12:41).

성경에 따르면 여자와 어린아이를 제외한 장정 60만 명은 단순한 무리가 아니라 '여호와의 군대'였습니다. 성경의 다른 책 민수기를 보면 백성 수를 세는 목적은 인구 '센서스'가 아니라 군대의 점호입니다.

> 이스라엘 자손이 애굽 땅에서 나온 후 둘째 해 둘째 달 첫째 날에 여호와께서 시내 광야 회막에서 모세에게 말씀하여 이르시되 너희는 이스라엘 자손의 모든 회중 각 남자의 수를 그들의 종족과 조상의 가문에 따라 그 명수대로 계수할지니 이스라엘 중 이십 세 이상으로 싸움에 나갈 만한 모든 자를 너와 아론은 그 진영별로 계수하되 각 지파의 각 조상의 가문의 우두머리 한 사람씩을 너희와 함께하게 하라(민 1:1-4).

가나안농군학교의 교육 이념인 의식 개혁이 군인 정신임은 '농군農軍'이라는 단어에서도 잘 드러납니다. 가나안농군학교에서 편집한《김용기 사상과 가나안농군학교》에는 이에 대한 설명이 더욱 자세히 나옵니다.

> 육해공군이 3군이라면 농군은 제4군이다.…작가 박경수 씨는 이 농군학교를 테마로 한 소설《노농군사관老農軍士官》에서 이렇게 표현하고 있다. "우리나라에 3군軍 사관학교가 있다는 것은 누구나 다 알고 있는 일이지만 4군軍 사관학교가 있다는 것을 아는 사람은 극히 드물다. 육, 해, 공군이 3군이라면 농군農軍이 제4군이다.…가나안농군학교가 바로 제4군인 농군의 사관학교라는 것을 이 기회에 밝혀둔다."
> _《김용기 사상과 가나안농군학교》 192쪽

농군사관학교 개교와 현판식

가나안농군학교에서 강조하는 의식 개혁은 군인 정신에 기초하고 있다. '농군'이라는 단어에서 이 같은 취지가 잘 드러난다.

김용기 장로 스스로도 군인 정신을 염두에 두었음은 그가 작사한 〈복음 농군가〉에서 잘 드러납니다.

> 흙의 용사 일어나
>
> 황폐화 거친 들 반도 삼천리
>
> 핏땀 흘려 옥토화 금수강산 빛내리
>
> 총진군 총단결 우리 개척군
>
> 나아가자 용사들 나아가자 용사들
>
> 나아가자 용사들 굳세게 싸우자 (후략)
>
> _〈참 살길 여기 있다〉 87-88쪽

그런데 군인이 되는 것과 군인정신을 갖는 것은 별개입니다. 군인이지만 군인 정신이 전혀 없는 사람도 있고, 군인이 아니지만 투철한 군인 정신으로 살아가는 사람도 있습니다. 아울러 모든 군대가 동일한 군인 정신으로 무장하지도 않습니다. 도덕적 규율을 중시하는 군대 정신과 잔인함과 용맹성을 중시하는 군대 정신, 또는 소위 '당나라 군대' 정신이 같을 수는 없습니다. 가나안농군학교의 설립 이념은 다음 같은 군인 정신을 요구했습니다.

① 우리 민족의 주체성 확립
② 바람직한 국민 윤리의 생활화
③ 책임 있고 민족적인 지도자의 인격 함양
④ 올바른 국가관, 사회관 및 가정관의 확립
⑤ 우리 실정에 맞는 근검절약의 생활화
⑥ 능력개발을 통하여 빈궁을 막는 교육

_《나의 한길 60년》 162쪽

김용기 장로는 이런 이념 아래서 이루어지는 "개인의 완성과 가정의 건설, 사회와 국가에 이르는 민족 구원 운동"은 "오직 다른 교육기관에서 볼 수 없는 농군학교만의 특징이라고 나는 자부하고 있다"고 했습니다(위의 책, 163쪽). '가나안'이야말로 의식 개혁의 현장이라는 자부심이었습니다. 가나안농군학교는 여전히 진행형입니다. 김용기 장로의 한길 60년을 지나 대를 잇고 있습니다. 70만여 명에 이르는 교육 수료생들 '한 가족一家' 마음속에도 지속되리라 믿습니다.

두 번째인 생활개선은 의식 개혁과 그 영역이 다릅니다. 의식 개혁은 의지에 달려 있고, 생활개선은 습관에 달려 있습니다. 의식 개혁이 생활개선에 영향은 줄 수 있지만 반드시 생활개선으로 이어지는 것은 아닙니다. 하지만 의식 개혁 없이 생활개선이 일어나지는 않습니다. 생활개선이 이루어졌다면 의식 개혁이 이미 발생한 것입니다. 이처럼 생활개선은 의식 개혁이 일어났다는 증거입니다.

그런데 생활개선이 따르지 않는 의식 개혁은 의미가 없습니다. 몸이 없는 영혼과 같습니다. 김용기 장로는 "정신개조와 황무지 개척을 어떻게 할 것인가?"라는 질문을 던지면서 다음 같은 방법을 제시합니다.

생활의 개척이 절실히 필요하다.…우리의 의식주[3] 제도는 전반에 걸쳐 옛날을 탈피하지 못하였다.…우리 의복은 튼튼하고 또 활동하기에 편의한 방법을 연구해서 실질적인 것을 택해야 할 것이다. 음식은 맛을 위주로 하는 것을 버리고 영양을 위주로 하는 방식으로 하되 쌀밥을 폐지하고 경제적인 식빵이나 고구마를 주식으로 사용하는 것이 절대 필요한 것이다. 그리하면 밥 짓기 시간도 절약되고 하루 세 끼씩 밥 짓는 공력이 없어지고 그 시간을 근로에 충당할 수 있을 것이다. 그리고 주택은 산림녹화를 위해서든지 생활 경제를 위하여 흙벽돌로 하되 벽을 한 자 두께로 두텁게 해서 온돌을 한 간 정도로 만들고 다른 방은 마루로 만들어서 방한방서防寒防暑에 적당한 정도로 개량 주택을 만들 것이다. 그리하면 아

---

3 북한에서는 '식의주'라고 표현한다. 먹는 문제가 가장 중요하다는 생각이 반영된 것 같다. 우리 말의 '의식주'라는 표현은 《관자管子》의 "목민편牧民篇"에 나오는 의식족이지예절(衣食足而知禮節, 옷과 음식이 족해야 예절을 안다)의 순서와 관련된 것으로 보인다. 성경에서 첫 인류가 낙원에서 쫓겨날 때 하나님께 받은 최초의 생필품도 '(가죽) 옷'이었다(창 3:21).

무리 추운 겨울이라도 물그릇이 얼지 않고 영하로 내려가지 않는다.…
그렇게 하면 방한방서뿐 아니라 절대 위생적이니 문화생활에도 퍽 좋을
줄 안다. 그리고 지을 때는 남향으로 하여 햇빛이 잘 들게 창을 넓게 내
고 또 될 수 있는 대로 크게 지어 모든 물건을 집 안에 들일 수 있도록
하는 것이 좋을 것이다.

김용기 장로의 사상에서 의식 개혁(정신의 개척)과 생활개선(생활의
개척)은 상호 보완적입니다. 의식을 바꾸면 삶을 바꿀 수 있고, 삶을 바
꾸면 의식도 변한다는 것입니다. 참고로 김용기 장로가 집을 지을 때
'남향'을 강조한 이유는 한국 사람들이 주택 방위方位를 정할 때 전통
적으로 풍수 사상을 따르느라 지형 방위를 우선했기 때문입니다.

한 연구[4]에 따르면, "한개마을에서와 같이 마을 형국이 가장 전형적
인 경우, 지형 방위 축이 건축 방위에 절대적인 영향을 미친다. 76.6퍼
센트의 주택이 이 방위 축에 따라 좌향을 정하고 있었다.…지형 방위
축을 우선적으로 따르되 자연 방위의 선호 방향인 남향쪽으로 약간씩
치우치는 경향을 보여준다. 그 치우치는 정도가 크지는 않지만 지형
방위 원칙이 자연 방위에 따라서 보정되고 있다는 사실이 확인된다"
고 합니다. 한국 사람들이 집을 지을 때, '남향'이 살기 좋은 줄 알면서
도 '지형 방위'를 따랐던 이유는 지리적 조건 때문이기도 했지만 풍수
사상의 영향도 컸다는 것입니다. 그야말로 생활의 개선이 의식의 개혁

4　이현병, 김성우, "성주(星州) 한개마을의 입지(立地)와 배치계획(配置計劃)에 나타난 방위적 특성에 관한 연구", 〈건축역사연구〉 제13권 2호(2004년 6월) 79쪽.

가나안농군학교의 아침 체조
의식 개혁이 반드시 생활개선으로 이어지지는 않지만, 의식 개혁 없이 생활개선이 일어나지는 않는다.

을 반영한다는 사실을 단적으로 보여주는 사례입니다.

'의식 개혁'이나 '생활개선'은 결코 낙후하거나 미개한 삶에만 적용
되는 것이 아닙니다. 물질문명이 고도로 발달한 곳에서도 반드시 필요
합니다. 환경오염, 비만, 성인병, 새로운 전염병 등은 농촌이 아닌 도시
에서, 개발도상국이 아닌 선진국에서 의식 개혁과 생활개선을 통해 해
결해야 할 문제입니다. 따라서 가나안농군학교의 본질적인 사명과 역
할은 늘 진행형입니다. 다만 시대 상황에 따라 활동 정도와 범위는 달
라지기도 합니다. 이를테면 김용기 장로의 가나안농군학교는 '기술'을
가르치는 곳이 아니라 '의식 개혁'과 '생활개선'을 보여주는 곳이었습
니다. 그러나 오늘날은 볼거리가 너무 많은 시대입니다. 모든 것을 손
안의 스마트폰으로 간편하게 보는 시대입니다. 자극적이고 엽기적인
것이 눈길을 끄는 시대입니다. 의식개혁과 생활개선을 해볼 여유가 없

습니다.

그럼에도 가나안농군학교가 믿는 것은 이러한 것들이 영원하지 않다는 사실입니다. 영원은 고사하고 그야말로 눈 깜짝할 사이에 사라지고 맙니다. 할리우드 액션 영화가 아무리 발전해도 고전 영화 〈벤허〉를 리메이크합니다. 뭇 영화 속 현란한 자동차 추격 신들은 쉽게 잊힙니다. 그러나 말이 끄는 전차 경주는 역설적으로 '영원'합니다. 전구에 달려드는 하루살이와 나방 떼가 너무 많아 불빛을 가리기는 하지만 전구를 깨뜨리지는 못합니다. 세속의 현란함이 아무리 맹위를 떨쳐도 진리는 사라지지 않습니다. 김용기 장로의 사상과 그 열매인 가나안농군학교는 영원히 변치 않는, '근로와 봉사와 희생'이라는 진리의 힘으로 지속돼왔습니다. 이 진리는 현재만이 아니라 미래에도, 심지어 달이나 화성에 건설될 우주기지에서도 결코 그 힘을 잃지 않을 것입니다.

이제 '가나안으로 가는 길, 그 끝나지 않은 여정'으로 여러분을 초대합니다.

2

가나안에는
복이 흐른다

복은 운이 아니다

복은 사람을 위한, 사람을 통한, 사람의 일이다

운칠기삼運七氣三, 운이 7할이고 노력은 3할이라는 말을 합니다. 아무
리 노력해도 운이 따라야 한다는 것이지요. 이 말은 포송령이 지은 청
나라판 '전설 따라 삼천리'인《요재지이聊齋志異》에 처음 나옵니다. 당
시에는 출세(과거급제)가 그랬고, 요즘은 돈 버는 일이 특히 그런 모양
입니다. 하지만 복민주의에 비춰보면, 반은 맞고 반은 틀린 말입니다.
모든 일이 노력만으로 되지는 않는다는 점에서 반은 맞습니다. 그러나
7할의 운이 3할의 노력을 능가하는 점은 복민주의와 다릅니다. 그래
서 복민주의는 운이 아니라 복입니다. 복은 노력을 능가하지 않고 돕
기 때문입니다.

그러니 복과 운은 다릅니다. 운은 좋을 수도 있고 나쁠 수도 있습니
다. 그래서 사람들은 운이 나쁘면 기를 써서 바꾸려고 합니다. 하지만
복은 늘 좋은 것입니다. 바꿔야 할 복은 없습니다. 사람은 운에 끌려다
니다가 결국에는 그 손아귀에 사로잡힙니다. 반면, 복은 사람이 거머

줍니다. 사람이 복을 소유합니다. 복은 물려줄 수도 있습니다. 하지만 운은 그 사람이 죽으면 소멸합니다.

신은 하늘과 땅을 창조한 다음, 남자와 여자를 창조하고는, 운이 아니라 복을 주었습니다. 자식을 낳아 잘 살면서 세상을 가득 채우고, 땅을 개척해 잘 가꾸라고 했습니다. 신에게는 그 모든 것이 보기 좋았습니다. 좋았다가 나빠지고 나빴다가 좋아지는 운이 아니라 늘 좋은 복을 누구나 받았습니다.

그런데 사람이 보기에는 안 좋은 것이 더 많았습니다. 누구나 받는 복이 안 좋았습니다. 아이를 낳고 사는 것도 일이고, 세상을 채우기 위해 이동하는 것도 힘들었고, 개척하고 가꾸는 일은 고생스럽기까지 했죠. 일과 고생을 복이라고 준 신도 좋아 보이지 않았습니다. 신은 일하지 않고 먹고사는 것처럼 보였습니다. 그래서 신처럼 되고 싶었던 인간은 신이 먹지 말라고 한 열매를 먹습니다. 결국 '낙원'에서 쫓겨나고 말죠. 금단의 열매를 먹은 대가로 '땀 흘려 일해서 먹고 살라'는 명령이 주어지는데, 이를 보면 인간이 무엇을 하고 싶어 하지 않았는지가 더 분명하게 드러납니다.

"데우스 엑스 마키나deus ex machina!" 고대 그리스 연극의 결말에 갑자기 나타나 모든 문제를 단번에 해결하는, 기계 장치 같은 신입니다. 사람들은 그런 신이나 '금송아지'를 만들어놓고 그 앞에서 먹고 마시며 춤을 췄습니다. 뉴욕 증권가 한복판에 서 있는 '황소' 상징물은 사람들이 여전히 '금송아지'를 섬긴다는 암시는 아닐까요. 사람들은 복에서 운으로 갈아탔습니다. 운이 좋은 사람은 종합선물 세트인 '오복五福'과 복을 구해 얻는다는 '기복起福'을 받는다고 믿습니다.

그러나 종합 선물세트에도 빠지는 것이 있기 마련이고, 또 사람들이 원하는 것이 다 복은 아닙니다. 그래서 오복과 기복은 복이 아닙니다. 복은 무엇 하나 부족하거나 변하는 것이 아닙니다. 복은 늘 복이며 그 자체로 온전합니다. 굳이 '마이다스 왕' 신화를 들지 않아도 살다 보면 누구나 경험합니다. 간절히 원하던 바가 이루어진 순간 그게 재앙인 줄 안다거나, 대수롭지 않게 여긴 일이 복으로 변하기도 합니다.

오복을 모두 바라고 삼재팔난三災八難에서 완전히 벗어나기를 바란다는 것은 도저히 있을 수도 없는 일일뿐더러, 설령 있을 수 있다 하더라도 그건 오히려 고통이지 결코 행복은 되지 못할 것이다. 가령 수복壽福을 바라지만 몇백 살이고 산다면 그것이 결코 복이 될 수가 없으며 재복財福을 바라지만 그것이 정도에 넘는 부富일 때는 결코 행복이 될 수 없다는 것은 우리의 주변에서 종종 목격하는 일이다.

_〈그분의 말씀을 따라〉 129쪽

간절히 원하던 것이 재앙으로 바뀌는 것은 운이 나빠서가 아닙니다. 원래부터 복이 아니라 재앙이었던 것이죠. 대수롭지 않게 여긴 일이 복이 되는 일도 마찬가지입니다. 처음부터 복이었는데, 그 사실을 몰랐을 뿐이죠. 복은 처음부터 끝까지 복입니다. 이것이 신의 뜻이며, 김용기 장로의 믿음이자 복민사상의 핵심입니다. 이 원리는 농업의 이치로도 쉽게 알 수 있습니다. 씨앗과 열매의 관계를 봅시다. 배추는 씨앗부터 배추였고, 상추 역시 처음부터 상추였습니다. 상추씨를 뿌렸는데 운이 좋아서 브로콜리를 거두는 일은 절대 일어나지 않습니다.

복은 씨앗이며 줄기이자 열매입니다. 볍씨 한 톨이 벼 이삭으로 자라 알곡 수십 개를 맺는 이치가 복입니다. 쌀 한 톨이 삼십 배, 육십 배, 백배로 변하는 이 '사건'을 사람들은 '자연스러운' 일로 여깁니다. 볍씨가 쌀이 되는 일은 자연스럽지만, 한 톨이 알곡 수십 개로 변하는 사건은 놀랍습니다. 복은 '자연스럽게' 놀랍거나, 놀랍게 자연스럽습니다.

> 우주 안이 행복과 복락으로 가득 차 있음을 깨달아, 볼 수 있고 찾아 가질 수 있는 자가 참 큰 자요 참 행복한 자다.
>
> _《조국이여 안심하라》 166쪽, "자존의 깨달음" 중에서

자연스럽지 않은 일은 인위적이거나 운으로 일어난 일입니다. 인위적인 일은 자연스럽지 않고 놀랍지도 않습니다. 어색하거나 뻔합니다. 그래서 인위적인 것은 복이 아닙니다. 운은 초자연적 일입니다. 초자연적 일을 영어로는 '수퍼내추럴supernatural'이라 하는데, '수퍼'라는 말 때문에 자연보다 '뛰어나다'는 느낌을 줍니다. 그러나 신이 창조한 '하늘과 땅', 곧 자연보다 뛰어난 곳은 없습니다. 초자연 세계는 자연을 벗어난 비정상적인 곳입니다. 그곳은 귀신의 영역입니다. 초자연적 일은 귀신을 위한 귀신에 의한 귀신의 일입니다. 그 일은 정상이 아닙니다. 사람들은 이런 일을 운이라고 합니다. 그러니 운은 결코 복이 아닙니다. 복이란 사람을 위한, 사람을 통한, 사람의 일이기 때문입니다.

복이 되라

너는 복의 근원이다

가나안 복민주의는 신을 믿지만 치성이나 굿이나 종교적 가르침에서 복을 찾지 않습니다. 어떤 수단 때문에 복을 받는다면, 이미 그 복은 신이 아니라 그 수단에서 온 것이겠죠. 성경에도 제물이나 예식으로 지극 정성을 다해 복을 받는다는 말은 없습니다. 가나안 복민주의가 재발견한 바에 따르면, 신은 인간에게 복을 위임했습니다. 신은 '아브람'에게 "너는 복의 근원이 될 것이다"라고 말합니다. 성경의 '아브람'은 한 개인이자 만민을 대표하는 존재이기에, 이 말은 인류 전체를 향한 보편적 선언입니다. 따라서 "너는 복의 근원이 될 것이다"라는 말은 사람이 곧 복이라는 뜻입니다.

그런데 사람이라고 다 같은 사람은 아닙니다. '아브람'은 '고귀한 분 (아버지)'이라는 뜻입니다. 히브리어 '람'은 '높은, 숭고한'이라는 의미이며, 단순히 어떤 신분이 아니라 사상이나 삶의 모습을 가리킵니다. 숭고한 이상을 품고 고귀한 삶을 사는 어른이나 지도자는 그 자체로

73

복입니다. 가나안 복민주의가 재발견한 첫 번째 복은 바로 이런 사람입니다. 땅도 아니고 재물도 아닙니다. 많은 자손 역시 아닙니다. 숭고한 이상과 고귀한 삶의 모습을 지닌, '아브람'으로 불릴 만한 사람이 복입니다.

'아브람'이 무슨 특별한 일을 해서 "복의 근원이 될 것이다"라는 신의 말씀을 들은 것은 아닙니다. 이 말씀을 듣기 전에 그가 한 일이라고는 장가들고 자기 아버지를 따라 '하란'으로 이주한 것뿐입니다. 나면서부터 어른이거나 지도자인 사람은 없습니다. 숭고한 이상도, 고귀한 삶도, 어른도, 지도자도 처음에는 유치한 생각과 하찮은 모습을 한 아이였습니다.

일가 김용기 장로는 열아홉 살 때 품었던 야망을 다음처럼 고백합니다.

열아홉 살 되던 해 봄, 나는 광동중학을 졸업했다. 그때 나는 일대 야망에 불타 있었다. 우리 민족의 숙적 일본을 내 힘으로 멸망시킴으로써 그 원수를 갚아보자는 생각이었다. 3.1 운동을 전후해서 우리 선인들은 단지 일본의 그 포학무도한 질곡에서 벗어나 우리나라의 자주 독립을 찾자는 것만이 투쟁의 목적이었지만, 나의 투쟁 목적은 그들을 아주 멸망시키자는 데 있었다.…그런데 그 일본국을 멸망시키는 방법이 더욱 허무맹랑한 것이었다. 즉, 내가 먼저 중국의 지도자가 됨으로써 그 힘으로 일본을 치자는 생각이었다.

_《가나안으로 가는 길》 50-51쪽

그러다 한술 더 떠 아예 마적단에 들어갈 생각까지 합니다.

> 그러던 중, 이곳의 마적단들의 세력이 아주 크다는 것을 알게 되었다.…
> 비적匪賊, 흉적兇賊들이 대부분이지만, 개중에는 진짜 나라와 동족을 위해
> 지하조직을 갖고 때로는 외국군에 대한 테러도 하고 부정한 금품들을
> 약탈하여 어려운 사람들을 도와도 주고 하는 이른바, 의적義賊들도 있다
> 고 했다.…그것을 알게 된 나는 은근히 그 마적단에 호기심이 기울기 시
> 작했다. 그들에 가담하기는 쉬운 일이며, 아직 나이가 어리니까 차츰 세
> 력을 부식하여 어떻게든 두목만 된다면 이같이 난장판이 된 만주벌판
> 하나쯤은 어렵지 않게 장중에 넣을 듯싶었다.
>
> _〈가나안으로 가는 길〉 59쪽

이렇게 생각이 유치했던 열아홉 살 젊은이가, 일본 총독부의 제2인
자인 정무총감까지 감탄했던 봉안 이상촌을 설립하고는, 해방 때까지
신사참배와 창씨개명과 공출을 전혀 하지 않은 채 마을을 온전히 지
켜냅니다. 그 후로도 삼각산 농장, 용인의 에덴향, 황산의 가나안 농장,
원주의 신림동산 등을 개척하고, 박정희 장군에게 새마을운동의 영감
을 제공한 가나안농군학교를 설립합니다. 이 가나안농군학교를 수료
한 이가 지금까지 70만 명이 넘습니다. 그가 이토록 숭고한 이상과 고
귀한 삶을 지켜내고 또 전할 수 있었던 비법은 무엇일까요?
먼저, 만남이 있었습니다. 청년 김용기가 마적단에 들어가려고 만주
에 갔을 때 봉천 서탑교회의 이성낙 목사를 만납니다.

동지와 함께
봉안 이상촌이 자리를 잡을 무렵 여운혁과 함께 선 김용기 장로. 그의 인생 굽이굽이에는 이처럼 귀한 '만남'이 있었다.

봉천까지 갔던 나는 주일날 예배를 보기 위해 그곳에 있는 서탑교회에 들어갔던 것인데, 이 목사는 그 교회의 담임목사였다. 낯선 소년이 교회 안으로 들어서자 관심을 가진 이 목사는 예배가 끝나자 내게 다가오며 말을 걸었다. "조선서 왔는가? 무얼 하러 왔는가? 이곳에는 인척이 있는가?" 이 목사는 내게 퍽 자상하게 물었다. 그래 난 중국에 온 내 본심을 털어놓았다.…내가 이렇게 대답하자 서탑교회의 이성낙 목사는 한참 동안 나를 멀거니 바라보더니 다시 두말 않고 점심을 먹으러 가자는 것이었다. 나는 좀 싱겁기도 하여 어정쩡한 표정으로 이 목사 뒤를 따라 나섰는데 앞장서 가던 이 목사는 어느 중국인 음식점으로 쑥 들어갔다. 들어가서는 내게 무엇을 먹겠느냐고 한번 물어보는 바도 없이 점병을 주문했다. 점병이란, 중국인들이 즐겨 먹는 일종의 떡으로서, 크기가 챙 넓은 밀짚모자만큼이나 됐다. 이 큰 점병을 중국인들은 보통 네 조각으로 잘라 먹었다. 그런데, 점병이 나오자 이 목사는 내게 그 큰 것을 복판에서

파먹으라는 것이었다. 나는 기가 막혔다. 그래 아무 생각 없이 "이 큰 것을 어떻게 복판부터 먹습니까?" 했더니, 이 목사는 난데없이 내게 소리를 버럭 지르는 게 아닌가. "무엇? 대륙을 지배해보겠다고? 떡 한 조각도 복판에서 못 먹겠다는 주제에 중국 대륙을 복판에서부터 먹어보겠다고?" 이 목사의 난데없는 호통 소리에 나는 정신이 번쩍 들었다. 그리고 정신이 번쩍 든 나는 내 허황된 꿈을 곧 깨달았다. 그때 일을 생각하면 50년이 지난 지금도 얼굴이 화끈거린다.

_《나의 한길 60년》 20~22쪽

이 고귀한 만남 덕분에 열아홉 살 무모한 청년이 정신을 차리고 고향으로 돌아오게 됩니다. 이 만남이 없었다면, 청년 김용기는 '복'이 되지 못하고 마적단 일원이 되었겠죠. 사람은 만남을 통해 복이 됩니다. 그렇다고 해서 만남 자체가 '복'은 아닙니다.

만남은 양날의 칼 같아서 삶을 파괴할 때도 많습니다. 만주 벌판에서 생면부지의 청년에게 밥을 사주는 호의를 베푸는 이유는 대개 둘 중 하나입니다. 어수룩한 젊은이를 상대로 사기를 치려거나, 측은지심에서 비롯된 동정심 때문입니다. 그런데 열아홉 살 청년 김용기와 교회 담임목사의 만남은 '관심'에서 출발합니다. 그 '관심'은 그리스도인이라는 '관계'를 기반으로 합니다. 예배 시간에 찬송하고 기도하고 성경 보는 모습에서 신자인지 뜨내기인지는 금세 알 수 있습니다. 청년 김용기가 어떤 집안에서 나고 자랐습니까!

내가 부모님들을 존경하고 또 감사히 여기는 일에는 또 한 가지가 있다.

77

그 시절, 우리 마을에서 하나님을 맨 처음 믿은 참 신앙의 선구자들이시며, 하나님을 발견하신 선각자들이시라는 점이다.…그 시절, 나는 묘한 교육을 받았던 셈이다. 왜냐하면 예수와 공자를 한꺼번에 스승으로 모시고 그 가르침을 받고 있었기 때문이다. 예수의 가르침을 전해주시는 분은 집의 아버지셨고, 공자의 가르침을 전해주시는 분은 서당의 선생님이셨다.

_《가나안으로 가는 길》 23~32쪽

청년 김용기의 예배드리는 모습에서 그의 신앙 연륜은 가감 없이 드러났을 테고, 담임목사의 눈에도 띄었을 것입니다. 그 관심이 대화로 이어졌고, 그 대화가 청년 김용기의 유치한 꿈을 깨뜨렸으며, 그 결과 만주의 방랑은 짧게 끝이 납니다. 청년 김용기와 서탑교회 목사의 만남 이전에, 두 사람 사이에는 이미 '관계'의 기반이 있었습니다.

복은 '만남'을 통해, '만남'은 '관심'을 통해 흘러가는데, '관심'은 '관계'를 기반으로 합니다. 흔히들 학연, 지연, 혈연 등을 관계의 '기반'이라고 생각하지만, 단순히 시간과 공간을 공유한다고 관계가 형성되지는 않습니다. 일가 김용기 장로는 인간생활을 가장 복되게 하는 길을 다음처럼 정리합니다.

우리 인간생활을 가장 복되게 하는 길을 세 가지로 삼는다. 즉 첫째는 정치생활이고, 둘째는 경제생활이고, 셋째는 종교생활이다.

_《이렇게 살 때가 아닌가》 133쪽

이 세 가지가 관계의 기반입니다. 정치는 국가를, 경제는 가정을, 종교는 사회를 대표하는 관계 기반입니다. 정치가 국가를 대표하는 이유는 단순합니다. 정치 없는 국가란 존재하지 않기 때문이지요. 종교가 사회를 대표하는 이유도 단순합니다. 인류 역사상 종교 없는 사회는 존재한 적이 없었기 때문입니다. 공산주의를 종교 없는 사회로 알고 있지만, 공산주의 자체가 '유물론' 교리를 가진 종교였습니다. 그런데 경제가 가정을 대표하는 이유는 경제를 뜻하는 '이코노미economy'라는 영어 단어의 어원에 나타납니다. 이 단어는 그리스어 '오이코노모스'에서 유래한 것인데, '오이코노모스oikonomos'는 '집' 또는 '가정'을 뜻하는 '오이코스oikos'와 '법' 또는 '규칙'을 뜻하는 '노모스nomos'의 합성어로서, 경제란 '가정 살림을 꾸려가는 법칙'이라는 의미에서 비롯되었지요. 가계부가 있는 것을 보면, 가정은 분명히 경제를 대표합니다. 이 둘은 바꾸기도 어려울 뿐만 아니라 바꾼다 해도 그 관계가 즉시 형성되지는 않습니다.

그러나 우리나라처럼 국교가 없는 경우, 종교는 전적으로 개인의 자유에 속합니다. 그래서 '완전종교'에 기반을 둔 신앙공동체 안에서 관계를 맺을 수 있다면, 이는 진짜 복이 됩니다. '완전종교'라는 말은 일가 김용기 장로가 처음 사용했는데, 특정 종교를 부각하기 위해서가 아니라 무엇이 사람에게 복인지를 가르치려고 내놓은 개념입니다. 그는 '완전종교'를 다음처럼 정의했습니다.

종교란 무한절대의 초인간적인 신을 숭상하고 신앙하여 선과 악을 권계勸戒하고 종국엔 행복을 얻자는 것이다. 그러므로 인간의 행복을 전제로

하지 않는 종교란 있을 수 없으며 있어도 그것은 소용없는 종교이다.…
그런데 그 행복이 천국에만 있으면 현세의 생활이란 아무것도 아니다.
오히려 불행뿐이므로 하등의 살아갈 가치가 없다는 결론이 된다. 빨리
천국에 가는 것만이 행복을 얻는 길이기 때문이다. 그렇다면 이 지구상
에는 인종이 벌써 끊어져버렸을 것이다.…조물주 신께서 인간을 만들어
세상에 내보낼 때 생육하고 번성하라 하셨다. 그럼 불행 속에서 생육하
고 번성하라 하셨겠는가? 그렇지 않다. 천국도 하나님의 것이고 이 세속
도 역시 하나님의 것이다. 그러므로 세속에서도 모든 인간들이 행복하
게 살기를 원하신다.…이렇게 믿는 종교가 완전종교이며, 반대로 이 세
속의 인간생활을 무시하고 천국에 가는 것만이 행복이라고 믿는 종교가
불완전 종교이다.

_《가나안으로 가는 길》 421~422쪽, 부록 "가나안 복민대강" 중에서

교회라는 관계의 기반이 얼마나 대단한지 잘 모르는 사람들이 많습
니다. 결혼해 독립한 부부가 부모 형제들을 일 년에 몇 번이나 만날까
요? 특별히 동업을 하거나 다른 관계가 없다면, 일주일에 한 번씩 평
생을 만날 수 있을까요? 극히 예외인 경우를 빼면, 가장 가까운 혈육
이라도 일 년에 열 번 이상 만나기가 어려운 요즘입니다. 그런데 '주일
성수'하는 그리스도인이라면, 일주일에 한 번씩 교회 식구들을 만납니
다. 그 관계는 평생 이어지고 대를 이어 계속되는 경우도 많습니다. 새
벽기도회나 다른 모임까지 참석하는 열성 신자들은 일주일에 열 번
가까이 얼굴을 볼 때도 있습니다. 피 한 방울도 안 섞인 이들이 혈육보
다 적게는 다섯 배에서 많게는 수십 배까지 평생 동안 자주 만나면, 그

관계가 어떠하리라는 것은 쉬이 짐작할 수 있습니다. 모 대통령이 집권했을 때, 그가 출석하던 교회의 신도들 다수가 정부 요직에 진출했습니다. 교회라는 '관계의 기반'이 얼마나 위력적인지를 단적으로 보여주는 예입니다. 문제는 이런 '관계의 기반'을 이용해 지극히 개인적이고 타산적인 이익만을 추구했다는 것이며, 이는 '완전종교'와는 거리가 아주 먼 이야기입니다.

복을 주라

복에 대해 말하지 말고 보여주라

도대체 그 앉아서 복 받기를 좋아하는 사상은 어디서 온 것일까? 그것이 어디서 온 것인가를 알아보기 전에 모든 사람들이 그처럼 허황되게 좋아하는 그 복이란 것의 정체가 과연 어떤 것인지부터 먼저 알아보기로 하자.…그러면 여기에서는 그처럼 허황된 복이 아닌 가장 실속 있는 복이 무엇인가에 대해서 한번 알아보기로 하자. 가장 실속 있는 복, 가장 알맞은 복이라 해도 좋을 것 같다.

_〈그분의 말씀을 따라〉 123쪽

　김용기 장로는 복을 다 복으로 여기지 않았습니다. "허황되게 좋아하는 그 복이란 것의 정체"라는 말에서 미신과 기복 신앙에 대한 그의 생각이 단적으로 나타납니다. 미신과 기복 신앙은 허황됩니다. 돌이나 나무, 부적이나 다른 사물을 통해 뭔가를 받는다 해도, 그것은 복이 될 수가 없습니다. 신기루처럼 허황된 것이기 때문입니다. 김용기 장로가

개척의 종
1년 365일 하루도 거르지 않고 매일 새벽
4시에 이 종을 치며 영혼의 잠을 깨웠다.

비판한 "앉아서 복 받기를 좋아하는 사상"은 일하지 않고 먹는 '양반사상'을 가리킨 것으로 '와식사상臥食思想'이라고도 합니다. "누워서 떡먹기"라는 속담도 여기서 나온 말이죠. 그는 이런 복 자체가 존재할수 없다고 생각했습니다. "너는 흙에서 나왔으니 흙으로 돌아갈 것이다. 그때까지 너는 얼굴에 땀을 흘려야 낟알을 먹을 수 있을 것이다"라는 조물주의 말씀이 모든 사람에게 해당된다고 믿었기 때문입니다.

 '할 일'을 하는 것이 복입니다. 장수가 '오복五福' 중 하나지만, 오복이 없어도 '할 일'이 있는 사람은 쉽게 죽지 않습니다. 물론 '할 일'을하는 것은 쉽지 않습니다. 하지만 일단 하게 되면 그것은 복이 됩니다. 김용기 장로의 표현대로 '실속'이 있기 때문입니다. 할 일을 하는 사람은, 다른 사람이 하는 일을 부러워하거나 시대 상황을 따지거나 눈앞

의 이익에 연연하지 않고도 자신의 일을 끝까지 할 수 있으므로, 결국
에는 '실속'이 있습니다.

> 내가 할 일이 뭔가를 찾기까지 육체적으로, 보다 정신적으로 끝없는 방
> 황과 숱한 시행착오를 겪어야만 했다. 겨우 "농사일이 내가 할 일이다"
> 로 낙착을 보았지만, 이 결론을 더욱 굳건하게 한 것은 갑자기 세상을 뜨
> 시게 된 아버지의 유언이었다.…나는 아버지의 유언에 의해서라기보다
> 이미 아버지의 평시의 사상에 완전히 공명하였으므로 누가 무슨 수를
> 쓴다 해도 나에게서 농사를 떼게 할 수는 없었다.
>
> _《가나안으로 가는 길》 70-71쪽

그런데 여기서 말하는 '할 일'이 육체노동만을 가리키지는 않습니다.

> 나는 이 책을 읽는 모든 사람들이 나처럼 똑같이 되라는 것은 결코 아니
> 다. 사람에게는 각기 개성과 장기가 있으니 그렇게 말할 수도 없다. 또
> 모두가 나처럼 농사꾼이 되어서도 안 된다. 한 나라 안에는 농사일 이외
> 에도 할 일의 분야가 많으니 그 일들도 해야 한다. 다만 내가 이 책을 읽
> 는 분들에게 권하고 싶은 것은 어떤 일을 하는 분이건 각자 자기 하는
> 일에 충실하라는 말이다.
>
> _《가나안으로 가는 길》 390쪽

가나안은 "젖과 꿀이 흐르는 곳"으로 묘사됩니다. '젖과 꿀'은 풍요
의 상징입니다. 예나 지금이나 고부가가치 식품인 젖과 꿀이 '흐른다'

는 사실은 물질적 부요함이 넘친다는 의미입니다. 그런데 '젖과 꿀'은 그냥도 먹지만, 다른 식품의 원료로도 사용됩니다. 치즈나 버터는 물론이고 젖과 꿀을 이용한 가공식품은 이루 헤아릴 수 없이 많습니다. 그런 의미에서 젖과 꿀은 많은 일거리를 만들어냅니다. 사실 젖과 꿀을 단순 소비해서 얻는 물질적 풍요에는 한계가 있습니다. 젖과 꿀이 여러모로 쓰이면서 만들어내는 가치가 더 큽니다.

이처럼 '할 일'은 그 자체로도 복이지만, 더 큰 가치를 만들 수 있어야 합니다. '할 일'만 하고 끝나는 삶은 복의 가치를 만들어내지 못합니다. '할 일'에 더해서 복의 가치를 키우는 일을 해야 합니다. 복의 가치는 얼마나 나눌 수 있는가에 달려 있기 때문에, 복의 가치를 키우는 일은 복을 나누는 일입니다. 나눌수록 커지는 가치, 이것이 복의 신비입니다.

이렇듯 가나안에는 복이 '흐릅니다.' 어느 한 곳에 고여 있지 않고, 필요한 곳으로 끊임없이 흐릅니다. 물론 저절로 흐르지는 않습니다. 자신의 복을 아낌없이 흘려보내는 사람이 있어야 합니다. 높은 곳을 낮추고 막힌 곳을 뚫는 사람이 있어야 합니다. 이들은 모두 복의 신비를 아는 사람들입니다. 흘려보낸다고 자신의 복이 줄어들지 않으며, 오히려 그 가치가 점점 커진다는 사실을 압니다. 전우익 선생이 그랬죠. "혼자만 잘 살믄 무슨 재민겨." 가나안에는 복도 있고 재미도 있습니다.

이 가나안의 복에 모든 사람이 동의하지는 못합니다. 그러나 한 가지 분명한 사실이 있습니다. 가나안 복민운동을 전개한 김용기 장로는 자신에게 주어진 복이 무엇인지 확실히 알았고, 그것을 남에게 보여줄 수 있었고, 심지어 그것을 남에게 나누어주었습니다. 복에 대해 말로 떠드는 사람은 많아도, 무엇인지 보여줄 수 있는 사람은 흔치 않습니다. 설령 보여준다 해도 일회성이나 전시성인 경우가 대부분이죠. 일가 김용기 장로의 가나안 복민운동은 60년이라는 긴 세월 동안 복이 무엇인지를 일상에서 구체적으로 보여주었습니다. 김용기 장로가 복이었고, 그가 평생 했던 일이 곧 복이었습니다. 가나안의 복은 지속성, 진실성, 일관성으로 지금도 각처에서 인증되고 있습니다.

3

가나안에는
복민이 산다

복민 1: 복민은 씨앗이며 열매다

복민의 주체는 나라가 아니라 백성이다

일견 복민福民이라면 복지국가福祉國家를 지향하는 그런 정신이나 주의를
말하는 것으로 알기 쉽지만 그와는 크게 다르다. 복지국가란 국가가 주
체가 되어 사회적인 제 병폐를 없이하는 수정자본주의 내지 사회주의
경제체제로의 지향을 의미하는 것으로 어디까지나 국가라는 권력적 주
체에 새로운 임무를 주어 백성이 고루 잘살게 만들자는 것이다. 그래서
이는 어디까지나 국가의 체제를 뜻하는 것이다. 그러나 복민은 이와는
다르다. 복지의 주체가 나라가 되는 것에 반하여 복민은 문자 그대로 백
성이 주체가 된다.

_《심은 대로 거두리라》 328-329쪽

복민이라는 단어를 김용기 장로가 처음 사용한 것은 아닙니다. 중국
청 왕조 때 황육홍黃六鴻이 쓴 《복혜전서》(1694년)를 보면, 관리의 이상
적인 모습으로 애민愛民, 복민福民, 혜민惠民이라는 표현이 등장합니다.

조선시대 승려 법견이 편찬한 《기암집》(17세기)에도 불교의 사천왕이 복민우세(福民佑世, 민중에게 복을 주고 세상을 도와줌)한다는 말이 나옵니다. 여기서 '복'이라는 단어는 '도움'을 뜻하는 '우'의 상대어이며, 따라서 일시적이고 제한적입니다. 도움이 필요 없을 때나, 도움이 필요 없는 사람에게는 주어지지 않습니다. 그러나 가나안 복민주의에서 재발견한 '복'은 일시적이거나 부분적이지 않고, 개인이나 세상을 아예 바꾸는 것입니다. 따라서 가나안 복민주의에서 말하는 '복민'은 '본질적 변화'를 뜻합니다.

이 개념은 성경에서 나왔습니다. 복민의 뜻에 관한 김용기 장로의 설명을 보면, 성경의 개념을 사용했음이 분명해집니다.

> 복을 받는 백성, 즉 하나님의 택하심을 받은 백성을 말한다. 하나님께서는 하나님의 사업을 이루시기 위하여 사람을 택하신다. 아브라함을 택하신 것은 특별한 목적을 위함이었다. 사람이 하나님의 택하심을 받는 것은 영광이 아닐 수 없다. 그러나 하나님의 택하심을 받는 데는 그 택하심을 받을 준비가 있어야 하며, 봉사의 큰 책임감이 필요한 것이다. 사람이 하나님의 부르심을 못 들은 체할 수는 있으나, 그 결과에 대한 책임은 자기가 져야 할 것이다. 하나님의 부르심을 듣고 그 영광을 알며 화답하는 사람, 그 사람이 곧 복민이다.
>
> _《가나안으로 가는 길》 408쪽

실제로 성경에서 하나님의 택함을 받는 복은 백성들에 앞서 아브라함 개인에게 먼저 주어집니다. 그런데 복은 운과 달리 당대에서 끝나지 않고 자손대대로 이어집니다.

> 내가 너로 심히 번성하게 하리니 내가 네게서 민족들이 나게 하며 왕들
> 이 네게로부터 나오리라.…내가 너와 네 후손에게 네가 거류하는 이 땅
> 곧 가나안 온 땅을 주어 영원한 기업이 되게 하고 나는 그들의 하나님이
> 되리라(창 17:6, 8).

"민족들이 나게 하며 왕들이 네게로부터 나오리라"라는 문장에서, '네게로부터 나오다'라는 히브리어 표현은 '혈통을 잇는다'는 개념보다는 무엇인가 담겨 있던 것들이 밖으로 나온다는 의미가 더 큽니다. 아브라함이 이스라엘 백성을 비롯해 다른 민족들까지 '품고 있다'는 의미로 해석할 수 있습니다. 이런 시각에서 보면, 아브라함은 어느 민족에도 포함되지 않습니다. 오히려 모든 민족이 아브라함에 포함됩니다. 신의 택하심에서는, 개인이 공동체 안에 있는 것이 아니라, 공동체가 개인 안에 들어가 있습니다. 성경에는 이 개념이 역사적 사건들을 통해 구체적 현실로 나타납니다.

구약 성경의 원어인 히브리어에는 '복민'이라는 합성어가 없지만, 복민의 개념은 분명하게 나타납니다.

> 하나님이 발람에게 이르시되 너는 그들과 함께 가지도 말고 그 백성을
> 저주하지도 말라. 그들은 복을 받은 자들이니라(민 22:12).

'그 백성' 또는 '복을 받은 자들'은 이집트에서 탈출한 이스라엘 백

성들을 가리킵니다. 여기에서 '복민'이란 곧 이스라엘 백성입니다. 그러나 히브리 성경에서 이스라엘 백성을 이야기할 때 민족주의적 우월성이 나타나지는 않습니다. 단지 그들과 관계를 맺은 신이 어떤 분인지를 설명하면서, 그런 분에게 선택 받았다는 사실과 그로 말미암아 부과되는 의무를 강조할 뿐입니다.

> 너는 여호와 네 하나님의 성민이라. 네 하나님 여호와께서 지상 만민 중에서 너를 자기 기업의 백성으로 택하셨나니 여호와께서 너를 기뻐하시고 너희를 택하심은 너희가 다른 민족보다 수효가 많기 때문이 아니니라. 너희는 오히려 모든 민족 중에 가장 적으니라. 여호와께서 다만 너희를 사랑하심으로 말미암아, 또는 너희의 조상들에게 하신 맹세를 지키려 하심으로 말미암아 자기의 권능의 손으로 너희를 인도하여 내시되 너희를 그 종 되었던 집에서 애굽 왕 바로의 손에서 속량하셨나니, 그런즉 너는 알라. 오직 네 하나님 여호와는 하나님이시요 신실하신 하나님이시라. 그를 사랑하고 그의 계명을 지키는 자에게는 천 대까지 그의 언약을 이행하시며 인애를 베푸시되, 그를 미워하는 자에게는 당장에 보응하여 멸하시나니 여호와는 자기를 미워하는 자에게 지체하지 아니하시고 당장에 그에게 보응하시느니라. 그런즉 너는 오늘 내가 네게 명하는 명령과 규례와 법도를 지켜 행할지니라(신 7:6-11).

위의 내용을 간단히 요약하면, 이스라엘은 보잘것없는 민족이지만 사랑과 약속 준수라는 신의 속성 덕분에 택하심을 받았다는 것입니다. 그러므로 '택함 받은' 민족으로서 이스라엘이 내세울 것은 아무것도 없고, 단지 신의 명령에 복종할 따름입니다.

그런데 복민이라는 개념은 '이스라엘'이라는 한 민족에만 국한되지 않습니다.

> 그날에 이스라엘이 애굽 및 앗수르와 더불어 셋이 세계 중에 복이 되리니 이는 만군의 여호와께서 복 주시며 이르시되 내 백성 애굽이여, 내 손으로 지은 앗수르여, 나의 기업 이스라엘이여, 복이 있을지어다 하실 것임이로다(사 19:24-25).

위의 내용은 전후 문맥상 해석하기 어려운 부분이 있지만, 앗시리아와 이집트로 대표되는 이방 민족들이 '이스라엘과 더불어' 복이 된다는 사실만은 분명합니다. 성경에서 '복민'에 해당하는 대상이 확대되는 과정 중 하나입니다.

이런 과정만 단순히 계속되는 것이 아니라, 인식의 변화도 함께 일어납니다. 첫째, 아브라함에 대한 인식이 변합니다. 아브라함은 유대 민족만의 조상이 아니기에, 성경에서 말하는 택하심의 복이란 '성경의 역사와 관련 있는' 백성에게만 국한되지 않습니다.

> 아브라함은 우리 모든 사람의 조상이라(롬 4:16).

> 아브라함이 바랄 수 없는 중에 바라고 믿었으니 이는 네 후손이 이같으리라 하신 말씀대로 많은 민족의 조상이 되게 하려 하심이라(롬 4:18).

먼저 아브라함에게 복음을 전하되 모든 이방인이 너로 말미암아 복을 받으리라 하였느니라. 그러므로 믿음으로 말미암은 자는 믿음이 있는 아브라함과 함께 복을 받느니라(갈 3:8-9).

둘째, 신에 대한 인식이 변합니다. 성경에서 말하는 신의 택하심은 특정 민족만이 아니라 온 인류가 그 대상입니다. 신의 속성에 의하면, 복민의 범주는 인종이나 민족에 따라 제한될 수 없습니다.

하나님은 다만 유대인의 하나님이시냐. 또한 이방인의 하나님은 아니시냐. 진실로 이방인의 하나님도 되시느니라(롬 3:29).

그러나 너희는 택하신 족속이요 왕 같은 제사장들이요 거룩한 나라요 그의 소유가 된 백성이니…너희가 전에는 백성이 아니더니 이제는 하나님의 백성이요 전에는 긍휼을 얻지 못하였더니 이제는 긍휼을 얻은 자니라(벧전 2:9-10).

결국 '복민'의 관점에서 보면, 개인과 공동체는 부분과 전체가 아니라 처음과 나중, '알파와 오메가'의 관계입니다. '복민'은 처음에 아브라함이라는 개인에서 시작해 이스라엘이라는 한 민족을 거쳐 온 인류에까지 확대됩니다. 처음 안에 나중이 들어 있습니다. 처음이 없으면 나중도 없습니다. "한 알의 밀이 땅에 떨어져…많은 열매를 맺느니라." '복민'이란 씨앗이며 동시에 열매입니다. '복민'의 씨를 심은 곳에만 '복민'의 열매가 맺힙니다. 열매란 곧 밖으로 드러난 모습입니다.

가나안농군학교의 초기 결혼식
복민이란 복 받은 공동체의 일원이 아니라, 복 받은 일원이 구성해나가는 공동체다.

   그러므로 가나안 복민주의에서 재발견한 '복민'이란 '복 받은 공동체'를 구성하는 일원이 아니라, '복 받은 일원'이 구성해나가는 공동체라고 정의할 수 있습니다. 좀 더 구체적으로 살펴봅시다. 김용기 장로가 작성한 "가나안 복민대강"이라는 문서에는 '복민의 뜻'이 다음처럼 나옵니다.

   ① 신의 사업을 위해 택하심 받았다고 믿는다.

   ② 신의 택하심은 영광이라고 믿는다.

   ③ 신의 택하심에 이어지는 부르심에 대한 준비가 있다.

   ④ 그 준비는 봉사이다.

   ⑤ 결과에 대한 책임감도 있다.

신의 사업을 위해 택하심 받는 것은 신의 '심부름꾼'이 아니라 '동업자'가 되는 것입니다. 그래서 결과도 함께 책임집니다. 심부름꾼과 동업자의 차이를 군이 강조하자면, 동업자에게는 다음 세 가지가 있지만 심부름꾼에게는 없습니다. 바로 믿음과 소망과 사랑입니다. 상대에 대한 믿음, 사업의 결과에 대한 소망, 일 자체에 대한 사랑이 있습니다. 복민으로 신을 믿는 것은 종교인으로 신을 믿는 것과 다릅니다. 복민은 신과 인간이 사귈 수 있다고 믿습니다. 사귄다는 것은 친구가 된다는 뜻입니다. 신의 친구? 과장이라고 여길지 모르지만, 적어도 성경에서는 신의 친구가 된 사람들이 꽤 있습니다.

> 사람이 자기의 친구와 이야기함같이
> 여호와께서는 모세와 대면하여 말씀하시며(출 33:11).

> 나의 벗 아브라함의 자손아(사 41:8).

예수는 아예 "세리와 죄인의 친구"(마 11:19)라고 불렸습니다. 그러므로 신의 택하심을 영광이라고 믿는 까닭 역시 택하심 자체 때문이 아니라, 택하심의 본질 때문입니다. 보잘것없는 인간이 신의 '파트너' 자격으로 그의 사업에 동참한다는 본질 때문입니다.

택하심 다음에는 부르심이 있습니다. 부르심은 단지 이름을 호명하는 차원이 아니라, 구체적 일을 맡기기 위한 지명입니다. 부르심이야말로 본격적 활동의 시작입니다. 모세오경의 세 번째 책 '레위기'는 히브리어로 '바이크라', 즉 '부르시고'라는 뜻입니다. 이스라엘 백성이 이집트에서 탈출해 시내 산에 도착했을 때, 비로소 신은 모세를 '부르시고', 택한 백성에게 구체적으로 일을 맡깁니다. 약속의 땅 '가나안'에 들어가 해야 할 일이었습니다. 부르심이 한자로는 '소명召命'인데, 이름이 아니라 '생명 혹은 목숨을 부른다'는 뜻입니다. 마르틴 루터는 이 말을 독일어로 '베루프Beruf'라 표현했는데, 현재는 '직업'이라는 말로 사용됩니다. 따라서 프로테스탄티즘의 영향이 강한 독일에서는 직업의 귀천이 우리네보다 상대적으로 적은 것 같습니다. 신이 특별한 직업만이 아니라 모든 직업으로 다 부르셨다고 믿기 때문입니다.

본격적인 일이 '부르심'에서 시작하므로, 택하심과 달리 부르심에는 준비가 필요하며, 그 준비가 바로 봉사입니다. 봉사service는 눈에 보이는 대상이 아니라 눈에 보이지 않는 대상, 곧 신을 향한 것이기에 종교적 모습을 띠게 됩니다. 기도가 대표적입니다. 비종교인은 명상이나 마인드컨트롤 등으로 이해하기도 합니다. 그런데 기도는 신에게 무언가를 요구하는 행위가 아닙니다. 신이 택하시고 일을 함께 하려고 부른 이들의 공동체적이며 '인격적인' 고백이며, 이로 말미암아 공동체 자체도 인격적으로 변합니다. 인격적 공동체는 단순히 '무리'가 아닙니다. 무리란 자신의 이해관계를 충족하려고 목표가 다른 사람들끼리 모인 집단인 반면, 공동체란 이해관계가 아니라 같은 목표에 헌신하고자 모인 사람들입니다.

대다수 사업은 지극히 '인간적인, 너무나 인간적인' 의도에서 출발합니다. 돈을 목표로 삼기 때문에 가장 고귀한 것도 가장 비열하게 만들고, 가장 비열한 것도 가장 고상한 것으로 만듭니다. '인간적' 의도와 돈이라는 목표가 결합하면 그 사이에서 '짐승'이 나옵니다. 짐승이

란 오직 본능에만 충실한 존재입니다. 짐승에게 과거와 미래가 있을
리 만무하고, 오직 현재만이 그를 지배합니다. 그런 면에서 '복민'은
진정한 인간의 참된 모습을 추구합니다. 진정한 인간이란 신의 파트너
로서, 신처럼 알파와 오메가, 처음과 마지막을 사는 사람입니다. 자기
가 존재하지 않았던 과거를 통해 현재를 반성할 줄 알고, 자기가 존재
하지 않을 미래를 위해 현재에 부지런한 사람입니다. 이런 사람들로
구성된 공동체가 바로 복민입니다.

복민 2: 다시 태어난 복인福人

복민은 교육을 통해 다시 태어난다

일가 김용기 장로는 1968년에 작성한 "가나안 복민대강"에서 복민의 뜻을 정의하고 복민의 이념과 복민의 목표, 복민의 의식과 복민의 자격, 복민의 강령과 복민의 사상, 복민의 실천세칙까지를 자세히 설명했습니다. 그리고 정확히 10년이 지난 1978년에 "복민이란 무엇인가?"라는 내용을 (I), (II)로 나누어 또다시 풀어 적었습니다. 그 이후 불과 10년 만인 1988년에 김용기 장로는 돌아가셨는데, 이렇듯 그는 말년까지 '복민'에 대해 사색하고 연구에 몰두했습니다. 사실 '복민福民'은 '복 받은 백성'이라는 단순한 뜻입니다. 그러나 사전적 정의가 한 단어의 사상적 깊이와 너비를 포괄하지는 않습니다. 기독교 신학의 핵심인 '복음福音'이라는 단어 역시 '복된 소식'이라는 단순한 뜻이지만, 여전히 수많은 연구자들이 그 본질과 의미와 용법을 탐구하고 있지요.

한 단어가 품은 뜻이 깊고 넓을 때는 사전적 정의보다 실제 사례가 더 쉽게 와 닿기 마련입니다. 그래서 김용기 장로는 성경에 나오는 역사적 사실을 본보기로 듭니다.

앞의 장에서 나는 참 복이란 무엇인가, 참 복인福人이란 어떤 사람인가를 설명했다. 참 복인들만이 모여서 된 백성이 복민福民이다. 그러나 한 나라의 백성이 모두 그 복민이 되는 길은 그렇게 쉬운 길은 아니다. 나는 40여 년 동안을 그 운동을 해온 사람이기 때문에 그 길이 얼마나 어려운 길인가를 안다. 40여 년 동안이나 해온 일이건만 아직도 이렇다 하고 내놓을 만한 성과란 아무것도 없다. 그래서 나는 그 길을 《가나안으로 가는 길》이라 하고 그 제명題名으로 책까지 내놓은 바 있다.…그러므로 이 땅(가나안)은 정치적 경제적 신앙적인 세 가지의 의미를 가진다. 첫째 정치적으로는 신이 약속한 희망의 땅임을 의미하고, 둘째 경제적으로는 젖과 꿀이 흐르는 영원한 복지福地임을 의미하고, 셋째 신앙적으로는 하나님이 선택 감독하는 신성한 땅임을 의미한다. 그런 땅에 들어가는 것이 쉬운 길이 아님은 당연한 일이다.

_〈그분의 말씀을 따라〉 136-137쪽

복인은 앞서 김용기 장로가 설명했던 '행복관'을 가진 사람입니다. 그 행복관의 핵심은 공자의 중용中庸 사상과 "…나를 가난하게도 마옵시고, 부하게도 마옵시고…"(잠 30:7-9)라는 성경 구절을 근거로 삼습니다. 한마디로 큰 것을 바라지 않고 주어진 것에 만족하는 삶입니다.

그러나 복민에게는 개인의 행복이 전부가 아닙니다. 자신이 아무리 행복해도 자신의 공동체가 행복하지 않다면, 복인일지는 몰라도 복민은 아닙니다. 복민이란 개인이면서 공동체입니다. 공동체의 행복은 개인적 '행복관'만으로 이룰 수 없습니다. 공동체 공통의 '행복관'이라는 목표를 성취해야 합니다. 복민 공동체의 목표는 정치적, 사회적, 종교적 이념이나 신념을 달성하는 것이 아닙니다. 공동체 구성원들의 '공통의' 행복이 목표입니다. 목표가 없는 공동체에 속해 있거나, 자신이 속한 공동체의 목표와 아무 관계가 없다면, 복인일지는 몰라도 복민은 아닙니다. 공동체로서의 복민에게는 개인의 희생을 통해서라도 달성해야 할 목표가 있고, 그 공동체에 속한 복민 개개인에게는 누구도 빼앗을 수 없는 자신만의 일과 복이 있습니다. 자신만의 일과 복이 공동체의 목표와 일치하는 사람이 바로 복민입니다.

복민의 흥미로운 사례가 바로 모세입니다. 그는 가나안 땅을 바로 눈앞에 두고 들어가지 못합니다. 한 개인으로 보면, 그는 실패한 복인입니다. 그러나 그의 목표였고, 그가 인도한 공동체의 목표였던 '가나안으로 가는 길'이 공동체의 가나안 입성으로 실현되었으므로, 그는 성공한 복민이 되었습니다.

그 후 모세의 후계자에 의해 그의 동포들은 모두 그 소망의 가나안 땅에 들어갈 수가 있었으니 결국 모세는 자기 사명을 다하고 동포를 위해 그 제물이 된 셈이었다. 성경에도 그 후 모세와 같은 선지자는 이스라엘에 없었노라고 기록되어 있다.

_《그분의 말씀을 따라》 152쪽

김용기 장로는 이스라엘 백성을 복민의 본보기로 삼았는데, 그 이스라엘 백성의 대표자가 바로 모세였습니다. 그런데 복민의 대표자인 모세는 '소망의 가나안 땅'에 들어가지 못합니다. 김용기 장로는 이 사실을 강조하면서 복인과 복민의 차이를 설명합니다. 복민이란 공동체를 위해 자신을 희생할 수 있는 사람이라는 것이죠. 김용기 장로는 '소망의 가나안 땅'에 들어가지 못한 모세를 복민의 실패 사례가 아니라, 오히려 복민의 핵심 가치인 희생을 성공적으로 구현한 사례로 봅니다. 그 근거로 "그 후에는 이스라엘에 모세와 같은 선지자가 일어나지 못하였나니…"(신 34:10)라는 성경 기록을 제시합니다. 만약 모세가 실패한 사람이라면 이렇게까지 높이 평가할 수는 없었겠지요.

이처럼 복인은 복민으로 거듭나야 하며, 이를 위해서는 교육이 반드시 필요합니다. 이때 어머니의 역할이 무척 큽니다. 훌륭한 어머니의 교육은 개인을 키우는 데 머무르지 않고 위대한 민족을 키워냅니다.

모세의 어머니는 모세에게 젖을 먹이며 늘 들려주는 말이 있었다.

"너는 하나님이 선택한 이스라엘 백성이다."

"우리의 조상은 하나님의 아들인 아브라함이시다."

"하나님은 아브라함 할아버지에게 이스라엘 백성은 장차 젖과 꿀이 흐르는 가나안 땅에 가서 살도록 약속하셨다."

"가나안 땅은 하나님이 우리를 위해 칼과 활로 아모리 족속의 손에서 빼앗은 땅이다."

"지금 이스라엘 백성은 애굽 땅에서 노예만도 못한 취급을 당하고 있다."

"하지만 우리 민족은 하나님의 피가 흐르는 민족으로 이 땅위에서는 가장 우수한 민족이다. 죽어도 하나님을 경외하고 동포를 사랑해야 한다."

그리고 그를 뒷받침할 만한 조상에 대한 전설과 역사를 늘 들려주었다.

_〈그분의 말씀을 따라〉 140쪽

　　모세의 어머니가 이런 이야기를 했다고 성경에는 나오지 않습니다. 하지만 파라오의 딸에게 입양된 모세를 그 어머니가 유모가 되어 젖을 먹였다는 기록과 장성한 모세가 히브리 사람을 자기 형제(동포)로 여겼다는 기록을 토대로 김용기 장로가 재구성한 내용입니다. 김용기 장로의 이런 해석은 교육의 힘으로 복민을 키워낼 수 있다는 믿음을 보여줍니다. 그런데 이때의 교육은 일반적 교육이 아니라 철저하게 복민에 특화된 교육이며, 이를 가르칠 적임자는 복민의 일원인 어머니입

복민 교육의 적임자는 복민의 일원인 어머니
김용기 장로와 함께 일생을 '개척'에 바친 김봉희 여사, 그와 더불어 큰 며느리 윤숙종, 둘째 며느리 홍미혜 (앞줄 김봉희 여사의 왼쪽과 오른쪽), 막내딸 김찬란, 셋째 며느리 이화평(뒷줄) 같은 어머니들이야말로 복민 교육의 적임자들이다.

니다.

그래서 가나안농군학교의 교육이 김용기 장로의 '가정'에서 처음 시작되었다는 사실은 매우 의미심장합니다. 김용기 장로는 생면부지의 교육생들을 데려다가 자신의 안방을 교육 현장으로, 자신의 가족들을 교사로 활용했는데, 사실상 '어머니'가 삶으로 가르치는 교육 효과를 냈습니다.

가나안농군학교에는 어김없이 교회가 있지만 선교가 목적이 아닙니다. 농장도 있지만 근로자를 모집하지 않습니다. 여러 사업도 벌이지만 원조나 구제가 목표가 아닙니다. 가나안농군학교의 목적은 교장을 보여주는 것입니다. 교장의 신앙을 보여주기 위해 교회를 세우고, 교장이 일하는 모습을 보여주기 위해 농장을 만들고, 교장의 이념과 의식을 보여주기 위해 여러 사업을 벌입니다. 교장에서 시작해 교장의 가족과 동지들, 그리고 끝내는 가나안농군학교와 접촉하는 모든 사람(교육생)들이 살아 있는 '교육자료'가 됩니다.

조금 끔찍한 표현이지만 '뱀파이어' 방식이라고 할까요. 뱀파이어가 한 사람을 물어 뱀파이어로 만들면, 그 사람이 또 다른 사람을 물고, 또 그 사람이 다른 사람을 물어 결국 마을 사람 모두가 뱀파이어가 됩니다. 그런데 이것이 성경의 방식입니다. 사도 바울을 고소한 사람들은 그를 가리켜 '전염병'이라고 했습니다. 누구든 사도 바울과 접촉하면 예수에 빠져들었기 때문이죠. 그리고 바울과 접촉한 사람을 접촉한 또 다른 사람들도 똑같이 되어버렸기 때문입니다.

그는 예수를 설명하고 가르치기보다는 보여주려고 했습니다. "내가 그리스도를 본받는 자가 된 것같이 너희는 나를 본받는 자가 되라"고 했죠. 참고로 바울은 다혈질이었습니다. 살인에도 서슴없이 가담했습니다. 자신과 견해가 다르면 예수의 수제자라 할지라도 가차 없이 들이받았습니다. 결함이 무척 많은 사람이었죠. 따라서 그를 본받는다는 것은 그의 전 인격이 아니라 그의 사상과 이념과 의식을 본받는 것입니다. '복음'에 대해서, 십자가와 부활의 이념에 대해서, 부르심 받았다는 의식에 대해서는 철저했기 때문입니다.

가나안 복민주의는 복과 복민의 상관관계를 다음처럼 결론 내립니다. "복은 누구에게나 주어진다. 발견하지 못할 뿐이다. 눈으로 찾는 것이 아니라 삶으로 느끼는 것이기 때문이다. 관계의 기반 위에서 자신의 일을 찾고 숭고한 이상과 고귀한 삶을 향해 나아가는 사람 그 자체가 복이다(福人). 그러나 복민은 교육을 통해 다시 태어난다. 날 때부터 복민인 사람은 없다. 복민에게는 사상과 이념과 의식이 필요하다. 그러나 그 전에 먼저, 개인으로서의 자격이 필요하다."

복민 3: 이것이 복민이다

복민의 자격은 누구에게나 요구되는 것이다

다음은 개인이 갖추어야 할 복민의 모습을 정리한 '복민의 자격' 13개 조항입니다.

① 한마디 말이 약속어음으로 대용되는 인물

② 의지가 돌같이 굳고, 무거워서 작은 일에나 큰일에나 마음이 요동치 않는 인물

③ 무슨 일이든지 일정한 연구와 의지를 가지고 앞으로 발전해 나아가는 인물

④ 작은 일에도 큰 사건과 같이 충성스럽게 실행하는 인물

⑤ 자기 개인을 위한 야심이 아니고 인류와 사회와 남을 위하여 큰 포부로써 봉사하려는 마음이 불타는 인물

⑥ 용기와 과단성에 적극성을 가진 인물

⑦ 좋은 기회를 놓치지 않고 기회를 민첩하게 붙들어 자기가 할 일을 유

감없이 행하는 인물

⑧ 많은 사람 가운데 가서라도 자기의 의지와 자기의 올바른 독특성을 잃지 않고 뚜렷이 드러낼 수 있는 인물

⑨ 아무리 낮고 천한 직업이나 노동이라도 부끄러워하지 않고 저열감을 갖지 않고 떳떳이 일할 수 있는 인물

⑩ 일을 하다가 실패를 거듭해도 불평과 낙망을 하지 않고 씩씩하고 기쁜 마음으로 인내할 수 있는 인물

⑪ 경건하고 깨끗한 마음을 가진 인물

⑫ 겸손하고 지혜로운 인물

⑬ 모든 일을 반석 같은 신앙생활로써 이끌어나가는 인물

_《가나안으로 가는 길》 413~418쪽, 부록 "가나안 복민대강" 중에서

이 조항들은 김용기 장로의 두 번째 책 《가나안으로 가는 길》(1968년)의 부록인 "가나안 복민대강"에 나오는데, 나름 역사가 깊습니다. 원래 이 조항들은 1952년에 개척한 용인 '에덴향'의 〈생활헌장〉에 "온 겨레가 요구하는 인물"로 등장합니다. 그 내용이 다시 김용기 장로의 첫 저서인 《참 살길 여기 있다》(1963년)에 들어가는데, '지도자의 자격' 내용 중에 "겨레가 요구하는 인물"로 소개됩니다. 그러고는 위에서 이야기한 두 번째 저서 《가나안으로 가는 길》의 부록 "가나안 복민대강"에 "복민의 자격"으로 명시되어 실립니다. 1980년에 출간된 《조국이여 안심하라》에서는 '복민 생활 헌장'의 일부로 포함되어 "온 인류가 요구하는 인물"이라는 제목을 달고 나옵니다.

오랜 세월 동안 반복해 등장했지만 '저열감'이 '열등감'으로 바뀌는

정도 말고는 내용 변화가 없습니다. 아울러 이 조항에 여러 제목들이 붙었지만 '복민운동'이라는 큰 틀 안에서의 변주였기 때문에 '복민의 자격'이라는 본질은 더욱 확고해졌습니다. 오히려 13개 조항이 '복민의 자격'을 정의하는 데서 그치지 않고, '(온) 겨레가 요구하는 인물'이나 '온 인류가 요구하는 인물'까지 가리킨다는 점에서 '복민'의 또 다른 개념이 엿보입니다.

김용기 장로가 '지도자의 자격' 13개 조항을 '복민의 자격'으로 사용했다는 점에서 보면, 지도자는 복민이요 복민은 곧 지도자입니다. 민民을 주인이라 여기는 민주주의가 도입되기 전까지, 즉 신분제 사회에서는 지도자와 민이 전혀 다른 범주에 속했습니다. 출신이 민이라도 일단 지도자가 되면 철저하게 민과 자신을 분리했습니다. 하지만 복민개념에서는 이런 구별이 없습니다. 13개 조항에서 지도자와 민은 똑같은 자리를 차지합니다. 그러기에 복민은 민주주의의 완벽한 구현입니다. 복민은 공동체의 구성원인 동시에 각자가 모두 공동체를 대표하는 존재입니다. 복민이 구성하는 공동체는 지도자 자격을 갖춘 모든 이들이 참여해 서로 협력하는 합의체이며, 복민은 자신의 주체성을 행사하며 동시에 다른 복민의 주체성을 존중할 의무를 지닙니다.

초창기 가나안농군학교는 이 13개 조항을 '복민의 자격'이라는 제목으로 강의했습니다. 김용기 장로가 직접 가르치며 외우도록 시킨 '복민의 자격' 13개 조항은 이론에 머물지 않고 실생활에 적용되었습니다. 그 사례가 《가나안으로 가는 길》 296-299쪽에 수록된 수료생 박인숙의 편지(1968년 4월 14일자)에 나옵니다. 박인숙은 비오는 날 한 할머니가 질펀한 길바닥에 술에 만취해 쓰러져 있는 것을 보고는 택시에 태워 파출소까지 데리고 갑니다. 그 와중에 할머니는 택시 안에 오물을 토하고, 파출소에 가서도 욕을 하며 난동을 부립니다. 젊은 아가씨가 택시 기사와 주변 사람들을 달래가며 이 모든 일을 수습하고 할머니를 딸네 집까지 모셔다드립니다. 그러고는 정신을 차린 할머니에게 다시는 그러지 않겠다는 다짐까지 받아냅니다. 박인숙은 '복민의 자격' ⑥ ⑦ ⑧ ⑨ ⑬ 항목을 실천한 사례라고 보고합니다. 김용기 장로는 이 편지를 책에 수록해 '복민의 자격'이 무슨 거창한 일을 하는 것이 아님을 암시하고 있습니다. 복민의 자격을 갖추기 위해 반드시 지도자 '위치'에 있어야 하는 것은 아니라는 말입니다. 복민의 자격은 지도자 위치에 있지 않더라도 반드시 갖추어야 할 '지도자의 자격'이라는 것이죠.

그렇다면 지도자 위치에 있지 않는 사람이 왜 지도자의 자격을 갖

가나안농군학교 첫 수료자
"특정인의 영웅적인 행동으로 국가가 발전할 시기는 지났습니다. 국민 모두의 건전한 개혁 정신만이 근대화의 열쇠입니다."

추어야 할까요? 김용기 장로에 따르면 시대가 요청하기 때문입니다. 가나안농군학교 100회 졸업식을 보도한 경향신문(1971년 10월 8일자) 기사에서 김용기 장로는 다음처럼 말합니다. "특정인의 영웅적인 행동으로 국가가 발전할 시기는 지났습니다. 국민 모두의 건전한 개혁 정신만이 근대화의 열쇠입니다." 김용기 장로는 근대화의 본질을 이렇게 꿰뚫습니다.

> 서구 제국들이 오늘의 근대국가가 되기까지 얼마만한 피눈물 나는 과정들을 겪었나 하는 것부터 알아야 한다. 그들은 오랜 기독교 문화의 전통적인 기반 위에서 자각하고 자립하여 남다른 용기와 피나는 노력으로 문예부흥, 산업혁명, 정치제도의 혁명 등을 단행한 다음, 자본주의의 근대 민주국가를 형성, 발전시켜 오늘에 이른 것이다. 그들 국가 상호간에는 후진이 때로는 선진의 제도와 정책을 모방하여 이식했다고는 해도, 어디까지나 뚜렷한 주체성의 자주역량 아래에서 수용 소화한 것이지, 오늘날 우리나라처럼 그대로 갖다가 놓은 것은 아니다.
>
> _《이렇게 살 때가 아닌가》 252쪽

"피눈물 나는 과정"이라는 표현은 자본주의 근대 민주국가 형성이 위로부터 내려온 통치 행위의 결과가 아니라 아래로부터 피어난 의식과 학습과 단결과 저항과 투쟁과 희생의 산물임을 암시합니다. 또한 오랜 기간 이룩한 성과라는 지적 역시 몇 백 년에 걸친 근대화가 한 개인이 이룬 일이 아니라는 사실을 가리킵니다. 길어야 백 년 안팎을 사는 인간이 혼자 힘으로는 이룰 수 없는 일이라는 것이죠. 그러므로 지도자 '위치'에 오르기 위한 자격이 아니라, 사회와 국가의 발전(당시에는 근대화)을 이루기 위한 자격을 모든 개인이 갖추어야 한다는 것입니다.

그런데 '복민의 자격' 13개 조항이 지닌 가장 큰 가치는 이상적 인물을 바라는 희망 사항을 단순 피력한 것이 아니라 실재하는 인물을 묘사한다는 점입니다. 그는 다름 아닌 김용기 장로 자신입니다. 13개 조항은 김용기 장로 자신이 살아온 방식이었고 계속 살아나갈 방식이었습니다. 김용기 장로는 다른 사람에게 "복민이 되라"고 말하기 전에 먼저 자신이 복민이 되었습니다. 가나안 복민주의는 자신은 하지 않으면서 남에게만 하라고 요구하는 사상이 아닙니다. 가나안 복민주의는 처음부터 '내가 먼저'주의였습니다. 김용기 장로가 13개 조항을 살아내는 인물이었으므로 '복민의 자격'을 가르치는 그의 강의는 설득력이 있었고, 배우는 이들도 그대로 따르고자 노력했습니다. 김용기 장로가 가르치고 전하려 했던 복민은 바로 자신의 모습이었습니다. 그는 '하라고 지시하는 지도자'가 아니라 '먼저 행하는 지도자'였습니다.

4

복민은
이렇게 생각한다

복민의 사상

생각하는 백성이라야 산다

　복민에게 '사상'이 왜 필요할까요? "생각하는 백성이라야 산다"는 이치 때문입니다. 이 말은 함석헌 선생이 1958년 〈사상계〉 8월호에 발표한 "생각하는 백성이라야 산다"에서 인용한 것입니다. 하지만 함석헌 선생의 글은 '6·25 싸움이 주는 역사적 교훈'이라는 부제 그대로, 한국전쟁이 형제간의 싸움임을 전혀 생각하지 않는 현실을 비판하고 반성한 것이지, '생각(사상)'의 중요성 자체를 다루지는 않았습니다. 오히려 10년 후 1968년에 정리된 "가나안 복민대강"이 사상 자체의 중요성을 강조하고 있습니다. 어쨌든 "생각하는 백성이라야 산다"는 말에는 복민도 예외가 아닙니다. 그래서 복민의 사상은 중요합니다.

　　① 종교관 ② 신앙관 ③ 애국관 ④ 인생관
　　⑤ 지식관 ⑥ 문화관 ⑦ 정치관 ⑧ 경제관

　　_〈가나안으로 가는 길〉 421-426쪽, 부록 "가나안 복민대강" 중에서

복민의 사상은 종교, 신앙, 애국, 인생, 지식, 문화, 정치, 경제, 여덟 영역으로 나뉩니다. 이 여덟 영역을 넷으로 묶으면, 종교-신앙, 정치-애국, 경제-인생, 문화-지식의 범주로 분류됩니다. 넷을 다시 둘로 압축하면, 이상(종교-신앙, 문화-지식)과 현실(정치-애국, 경제-인생)로 묶이거나. 공동체 사상(종교, 문화, 정치, 경제)과 개인 사상(신앙, 지식, 애국, 인생)으로 구분됩니다. 여덟 영역에 대한 각론은 "가나안 복민대강"에 자세히 나옵니다. 여기서는 복민의 사상에서 이상에 해당하는 것과 현실에 해당하는 것과의 관계, 그리고 그 하위 네 범주 간의 관계를 다뤄보겠습니다. 공동체 사상과 개인 사상이 어떻게 구분되는지는 하위 네 범주의 관계를 다루면서 함께 살펴보겠습니다.

복민 사상	이상 추구	현실 추구
공동체 사상	종교관 문화관	정치관 경제관
개인 사상	신앙관 지식관	애국관 인생관

사상은 본질적으로 이상에 관한 것이지만 복민의 사상에는 현실에 관한 것도 있으니, 이를 잊어서는 안 됩니다. 이상은 영속성을 띠며 다음 세대로 연결되고 또 연결되어 마침내 이루어집니다. 이는 지금의 사상 역시 이전 세대의 사상을 잇고 있다는 뜻입니다. 현실에 관한 사상은 과거와 미래를 연결하기보다 현재에 집중합니다. 불과 백 년 전의 조선시대 애국관과 정치관과 인생관과 경제관으로 이 시대를 살아갈 수는 없습니다. 현실에 맞지 않기 때문입니다. 반면에 몇 천 년 전

의 종교관과 신앙관과 지식관과 문화관은 지금도 유효하게 적용할 수 있습니다. 이상을 추구하는 것들이기 때문입니다. 불교와 무속, 유교 철학과 문화는 지금도 그 영향력이 굳건하며 앞으로도 변하지 않을 것입니다.

복민의 사상에서 이상과 현실의 차이를 인식하는 것은 매우 중요합니다. 이상과 현실을 혼동하면 삶의 질이 나빠집니다. 이상을 현실인 양 좇을 수도 없고, 현실에서 무턱대고 이상적으로 살 수도 없습니다. 아울러 여덟 영역이 각각 어디에 해당하는지 인식할 필요도 있습니다. 이상적 애국관이나 정치관은 국가를 파탄 내고, 이상적 인생관과 경제관은 개인의 삶을 망가뜨립니다. 반면에 현실적 종교관과 신앙관은 인간을 타락시키고, 현실적 지식관과 문화관은 저속해집니다. 가나안 복민주의는 궁극적으로 이상과 현실의 조화를 추구합니다. 이상과 현실 중에 무엇이 먼저인지를 따지는 것은 '닭이 먼저냐 달걀이 먼저냐'는 논쟁과 같습니다. 이상과 현실의 조화를 표현한 그림으로는 '태극' 문양이 가장 적절합니다. 서로가 서로를 품고 있는 형상이지요.

복민의 사상을 네 범주로 나눌 때는 짝을 이루는 두 영역의 관계가 핵심입니다. 위에서는 이상과 현실의 차이를 강조했는데, "가나안 복민대강"의 각론에서는 이상과 현실이 조화하는 방법을 설명합니다. 각론을 둘씩 짝지어, 둘 사이의 공통점을 찾도록 합니다.

① 종교관-신앙관: 종교란 개인이 만드는 것이 아닙니다. 조직을 전제로 합니다. 반면 신앙은 개인적입니다. 공동체 사상인 종교관과 개인 사상인 신앙관은 '완전종교'를 추구하는데서 조화를 이룰 수 있습니다. '완전

종교'란 내세와 현세의 비중에 차이를 두지 않는 것입니다.

② 문화관-지식관: "가나안 복민대강"에 따르면, 문화에서는 형식보다 내용이, 지식에서는 앎보다 실천이 중요합니다. 개인들의 지식이 응용되고 실천될 때, 한 사회나 공동체의 문화는 그것들이 단순하게 유통되는 현장이 아니라, 오히려 그것들에 내면의 깊이를 더하는 그 나름의 관념이 있어야 합니다.

③ 정치관-애국관: 애국은 개인이 할 수 있지만, 정치는 개인이 할 수 없습니다. 개인의 애국관과 공동체의 정치관이 조화를 이루는 방법으로 가나안 복민주의는 "내가 먼저me-first"를 제시합니다. 원래 이 표현은 "자기만 아는, 남은 아랑곳하지 않는"다는 매우 부정적 심리를 가리키지만, 가나안 복민주의는 "남보다 앞장서서 먼저 한다"는 긍정적 의미로 사용합니다.

④ 경제관-인생관: 인생관은 단독으로 실현할 수 있지만, 경제관은 좋든 싫든 공동체와 관계를 맺으며 이루어가야 합니다. 인생이나 경제나 한정된 삶과 재화를 사용해야 한다는 점에서 동일합니다. 그래서 가나안 복민주의는 인생관과 경제관에서 효율성을 강조합니다. 효율성의 기준은 시간과 재화의 적절한 운용입니다.

그런데 복민도 시대와 삶의 자리에서 받는 영향을 피할 수는 없습니다. 개인으로서의 복민 사상과 그 복민들이 함께 만들어내는 공동체 사상은 영원하지 않습니다. 이를테면 고구려와 백제와 신라가 서로 영토를 뺏던 시대에, 어제는 고구려 땅이었다가 오늘은 신라나 백제의 땅으로 바뀐 지역에 살던 주민에게 애국의 대상은 어디일까요? 사유

재산이 전혀 없는 체제에서 주민 한 사람의 경제관이 무슨 의미가 있을까요? 극단적 근본주의 종교가 지배하는 시대나 지역에서 문화관이 존재할 수 있을까요? 종교 자체를 인정하지 않는 공산주의 체제에서 종교관이 필요할까요? 그런 의미에서 복민의 사상은 가나안 복민주의 그 자체가 아닙니다. 삶의 현장에서 방향을 제시하는 일종의 내비게이션 역할을 하는 정도이지요. 가나안 복민주의를 작동시키는 소프트웨어는 이념과 의식입니다.

마당으로 나온 이념

신앙과 사회운동은 별개의 영역이 아니다

우리 가나안 복민은 다음의 3개 항을 생활의 이념으로 삼는다.

① 근로(살후 3:10) ② 봉사(요 13:5) ③ 희생(요 12:24)

_《가나안으로 가는 길》 409쪽, 부록 "가나안 복민대강" 중에서

근로, 봉사, 희생이라는 3대 이념을 '가나안농군학교의 구호' 정도로
아는 사람들이 많습니다. 하지만 가나안 복민주의 3대 이념은 '봉안
이상촌'이라는 한국 근대 농촌 운동사의 전무후무한 역사적 현장에서
출발합니다.

나는 부락민들에게 개척기술과 영농기술을 습득시키기에 앞서, 생활개
선의 선도에 앞서, 무엇보다 먼저 다 같은 하나님의 아들딸들이라는 것
을 가르쳤으며, '근로, 봉사, 희생'의 정신이 곧 예수님의 정신이시니 그
것을 실천하는 것이 곧 하나님의 아들딸이 되는 도리라는 것을 가르쳤

다. 그것을 바탕으로 하지 않고서는 아무 것도 되지 않는다는 것을 나는 알고 있었기 때문이었다.

_《가나안으로 가는 길》 102쪽

'봉안 이상촌'은 1935년에 지금의 경기도 남양주 봉안마을에 세워 졌으며, 1950년 한국전쟁 중에 폭격으로 파괴되기까지 무려 15년간 존재했던 현실의 '무릉도원'이었습니다. 조선의 내로라하던 지식인들 과 지도층 인사들이 줄줄이 친일로 돌아서 '황국신민'으로 거듭나던 일제강점기 말기에, 신사참배와 창씨개명과 공출을 하지 않은 거의 유 일한 마을이었습니다. 또한 몽양 여운형이 해방 때까지 가족과 함께 몸을 의탁한 곳이며, 농촌의 의식개혁과 생활개선을 선도한 현장이었 습니다. 한국 근대사가 정치적 소용돌이에 휩쓸리면서 이런 곳이 있었 다는 사실조차 잊었지만, '봉안 이상촌'의 존재는 '가나안농군학교'가 결코 희망 고문하며 가상현실을 파는 곳이 아님을 증명하는 역사적 실제 사례 중 하나입니다.

그런데 3대 이념은 원래 김용기 장로가 '가훈'으로 삼았던 내용 중 일부입니다.

나 하나로부터 시작하여 내 가정이 독립 가정이 되어야 하겠다는 신념 밑에 과거 온 국민이나 우리 조상들이 가진 사상 태도 심정에서 탈각, 탈 피하기 위하여 우리 가훈을 세우되 철두철미한 기독교 신앙을 토대로 하여 다음과 같은 5대 목표를 세웠다. ① 근로 ② 봉사 ③ 희생 ④ 기술 ⑤ 자립

125

가훈으로 사용되었다는 점은 3대 이념이 특정인에게만 적용되는 것이 아니라는 사실을 잘 보여줍니다. 가족을 이루는 남녀노소 누구에게나 적용되는 지침으로 출발했습니다. 그런데 성경을 근거로 했기 때문에 기독교인에만 해당되는 내용이라는 의문을 제기할 수도 있습니다. 성경이 기독교인만의 전유물이라면 그럴 수도 있습니다. 하지만 힌두교도였던 간디의 사상에도 성경의 내용이 포함되어 있습니다. 비폭력(무)저항주의가 근거로 삼는 성경의 산상수훈이 대표적입니다. 김용기 장로는 특정 종교의 이념을 위해 사람을 불러 모은 것이 아니라, 이상적 공동체를 이루려 모인 이들에게 성경의 이념을 제시한 것뿐입니다. 그 이념이 공동체 구성원들에게 유익하다고 판단했기 때문입니다. 그의 취지는 시간이 지날수록 가나안농군학교를 통해 널리 인정받았습니다. 성경을 근거로 한 그의 강의를 신부와 수녀와 승려를 비롯해 원

가톨릭 수녀 수강생
다른 종파나 타종교에서도 가나안 농군학교를 찾아 김용기 장로의 강의를 들었다. 그는 예수 그리스도의 삶과 가르침을 신앙생활 지침만이 아니라 사회 운동의 방법론으로도 전수했다.

불교 교무까지 들으러 찾아왔으며, 교육생 중에는 개신교 이외의 다른 종파나 타종교인들도 아주 많았습니다.

그가 강조하는 예수 그리스도의 삶과 가르침은 기독교인의 신앙생활지침일 뿐 아니라 사회 운동의 방법론입니다. 복음서에 나타난 예수 그리스도의 삶과 가르침은 당시 권력자나 종교인에게 매우 혁명적이었고 기득권 세력에게는 큰 도전이었습니다. 예수가 로마 총독에게 기소된 이유는 다음과 같습니다.

> 무리가 다 일어나 예수를 빌라도에게 끌고 가서 고발하여 이르되 우리가 이 사람을 보매 우리 백성을 미혹하고 가이사에게 세금 바치는 것을 금하며 자칭 왕 그리스도라 하더이다(눅 23:1-2).

예수가 '혁명가'라는 것입니다. 김용기 장로가 일반인에게 예수 그리스도의 삶과 가르침을 전한 의도는 기독교 교리 전파가 아니라, 이상적 사회운동의 이념을 소개하기 위해서였습니다. 그렇다고 해서 김용기 장로가 예수 그리스도를 단지 위대한 인물로만 여기지는 않았습니다. 그는 분명히 예수 그리스도를 자신이 믿는 '주님'으로, 신앙의 대상으로 고백했습니다. 그를 대표하는 직함이 개신교 지도자를 의미하는 '장로'라는 점이 그 증거입니다.

가나안 복민주의에서 사회운동과 신앙은 별개의 영역이 아니며 분리되지 않습니다. 사회운동과 신앙이 함께 하는 방식은 '동시적'이 아니라 '순차적'입니다. 'A와 B'의 관계가 아니라, 'A 그리고 B'의 관계입니다. 사회운동과 신앙은 A가 될 수도 있고 B가 될 수도 있습니다.

무엇이 먼저인지는 상관없습니다. 핵심은 A 다음에 반드시 B가 뒤따라야 한다는 것입니다. 사회운동 다음에 신앙이 뒤따르지 않으면 그 운동은 '영원히' 지속될 수 없습니다. '영원'을 추구하는 이유는 본질적으로 신앙의 영역이기 때문입니다. 마찬가지로 신앙 다음에 사회운동이 뒤따르지 않는다면 그것은 '사람'을 위하는 것이 아닙니다. '사람'은 사회를 떠나서 살 수 없기 때문입니다. 신앙과 사회운동이 처음부터 함께 할 수는 없습니다. 신앙은 타고 나더라도 사회의식은 성장 과정에서만 얻을 수 있기 때문입니다. 물론 사회의식 이후에 신앙이 올 수도 있습니다. '봉안 이상촌'은 김용기 장로의 언급대로라면, 신앙 다음에 사회의식이 온 경우입니다.

> 물론 우리 마을 사람들은 모두 교회에 나오는 사람들이었지만 교회에만 나온다고 바른 신앙인이라고 할 수는 없는 것이다.…그 지고한 목표의 도달은 단순히 기도로써만 되는 것이 아니라 현세의 생활부터 참되고 착하게 함으로써, 즉 장차 누릴 그 지고지선의 복락을 미리 이 땅 위에서 맛보는 그러한 생활을 통하여서만이 가능하다는 것을 누누이 설명하였다.
>
> _《가나안으로 가는 길》 102쪽

가나안 복민주의의 세 가지 이념은 개별적으로 따로 떼어낼 수 없습니다. 기독교의 삼위일체처럼 셋인 동시에 하나입니다. 봉사와 희생이 없는 근로는 그야말로 헛수고에 불과합니다. 근로가 없는 봉사와 희생이란 가식이요 위선입니다. 봉사 없이 근로만 있는 것이 거래이며, 희생 없이 봉사만 있거나 봉사 없이 희생만 있는 것은 자기만족입니다. 가나안 복민주의는 거래의 활성화가 목표가 아니며, 자기만족을 추구하지도 않습니다. 오직 근로와 봉사와 희생이라는 3대 이념을 동시에 구현하려고 온 힘을 기울입니다. 근로하듯 봉사하며 봉사하듯 근로하고, "내 몸을 불사르게 내어줄지라도" 근로와 봉사가 없으면 희생이 아니라는 이념으로 살아가자는 주의입니다.

근로하는 곳에 빈곤은 없다.

봉사하는 곳에 투쟁은 없다.

남을 위해 희생하는 곳에 죽음은 없다.

_《이렇게 살 때가 아닌가》 325쪽

수저 대신 삽을 들라

근로에는 위아래가 없다

사람이 먹고 사는 가장 기본적인 이념이다. 근로하지 않는 자는 먹고 살 권리가 없다. 예수님께서도 근로하기 싫은 자는 먹지 말라고 하셨다. 관존민비, 농민 천시사상을 바로잡아야 한다. 우리나라의 유일한 산업이 농업이었는데, 우리 조상네들은 그 산업에 종사하는 사람을 천시해왔으니 빈곤하지 않을 수가 없었던 것이다. 우리가 빈곤에서 벗어나기를 바랄진대, 이 근로사상부터 길러야 한다.

_〈가나안으로 가는 길〉 409쪽

안동 김씨 가문의 후손 가운데 경기도 양주에 자리 잡은 양반이 있었습니다. 글깨나 공부했지만 농사를 지었습니다. 사농공상士農工商이라는 계급이 뚜렷했던 시절이라 모두들 놀랐습니다. '갑'에서 '을'로 내려온 것이죠. 그 양반은 '부끄러움'과 '떳떳함' 때문에 농사를 짓는다고 그 이유를 설명했습니다. 그 양반이 바로 김용기 장로의 부친입니다. 거의 100년 전 이야기입니다.

> 땀 흘려 먹어본 일이 없는 조상들의 후예가 된 것이 부끄럽기 때문이다.
> 이 세상에서 가장 부끄러워해야 할 일이 일 않고 앉아서 먹는 일이며 땀
> 을 흘려서 먹는 것이야말로 가장 떳떳한 일이다. 땀 흘려 농사짓는 것이
> 조상들의 죄를 속죄하는 것이다.
>
> _〈가나안으로 가는 길〉 21쪽

가나안 복민주의의 근로는 '부끄러움'과 '떳떳함' 때문에 시작되었습니다. 부끄러운 이유는 조상의 죄 때문이었고, 그 죄는 삽을 들지 않고 수저만 들었던 전통이었으며, 오히려 그것을 출세와 성공으로 여겼던 사상이었습니다. 김용기 장로는 어린 시절 부친을 통해 조상들의 병폐, 더 직설적으로 말하면 '조상의 죄'라는 개념을 갖게 됩니다. 민족의 역사적 죄를 지적하면 자칫 일제의 '식민사관'으로 오해받을 소지도 있지만, 이 내용은 김용기 장로의 사상에서 매우 중요한 부분이라 건너뛸 수 없습니다. 김용기 장로나 그 부친이 가졌던 '조상의 죄'라는 개념은 오늘날 용어로는 '노블레스 오블리주noblesse oblige'에 해당합니다. 일제의 식민사관은 민족의 정체성을 공격하는 수단인데, 조상의 죄를 말하는 것이 민족의 정체성을 말살하려는 것은 아닙니다. 근로의 이념에서 지적하는 관존민비, 농민천시 사상이 우리 민족의 정체성은 아니겠지요. 민족의 '병폐'를 지적하는 것은 오히려 민족의 정체성을 세우는 일이었습니다.

오늘날 우리는 빈곤을 더 이상 개인의 문제가 아니라 사회 구조의

문제, 심지어는 자연과 기후의 문제로까지 여깁니다. 그러나 가나안 복민주의는 빈곤 문제를 철저히 개인의 책임으로 여기며, 근로사상을 빈곤문제를 해결할 수단으로 제시합니다. 오해할 여지가 있어 좀 더 분명히 말씀드리면, 일을 해야 할 사람과 일을 시켜야 할 사람의 책임이 있기 때문에 '개인'의 책임이라는 것입니다. 시스템을 아무리 잘 갖추어도 일을 해야 할 사람과 일을 시켜야 할 사람이 '개인적으로' 얼마든지 빈곤을 초래할 수 있으며, 이는 최저임금부터 연장근로 문제까지 모든 사업장에서 확인됩니다.

가나안 복민주의의 근로 이념은 노동 현장에만 국한되지 않습니다. 김용기 장로의 "대학생들에게 하는 말"에도 근로의 이념이 나타납니다. 학업을 중단하고 노동현장으로 나가라는 말이 아닙니다. 학업과 노동을 병행하라는 말도 아닙니다. 학문이 근로라는 것입니다. 그런데 모든 학문이 가나안 복민주의의 근로 이념에 부합하지는 않습니다.

> 사람이 먹고 사는 것과 관련이 없는 학문은 배울 필요가 없는 것이다. 아무리 오묘하고 심오한 진리가 들어 있는 학문이라도 그것이 인간의 근로정신과 관련이 없는 학문이라면 그것은 하등의 가치가 없는 것이다. 그러므로 학문은 반드시 일하면서 하는 학문이라야 한다. 학문하기 위해서 마당에 깔아놓은 곡식 멍석이 비에 떠내려가도 내버려두는 그런 학문은 하지 말아야 한다. 그것이 유교에서 온 소위 음풍농월吟風弄月식의 선비학문이라는 것이다.
>
> _〈가나안으로 가는 길〉 325쪽

"먹고 사는 것과 관련이 없는 학문"이라는 표현은 오늘날의 '돈이 되지 않는 학문'과는 다릅니다. 김용기 장로는 '먹고 사는 것'이 '돈을 버는 것'이라고 말한 적이 없습니다. 근로의 개념에서 강조하는 '먹고 사는 것'이란 인간의 기본 권리를 가리킵니다. "근로하지 않는 자는 먹고 살 권리가 없다"라고 말했듯이, 사람으로서 기본적으로 생존할 수 있는 권리, 그것이 '먹고 사는 것'에 담긴 의미입니다. 그러므로 "먹고 사는 것과 관련이 없는 학문"이란 인간의 기본 권리조차 지키지 못하는 학문을 말하는 것이지, 돈이 되지 않는 학문을 가리키는 것은 아닙니다. 또한 강조점은 '먹는'이 아니라 '사는'에 있습니다. 먹는 문제는 해결하고서도 사는 문제를 해결하지 못하면 학문이 아닙니다. 자신과 가족, 그리고 이웃까지 살리는 학문, 그런 학문은 근로의 이념에서 비롯된다는 것이죠.

가나안 복민주의의 근로 이념은 기득권 문제까지 연결됩니다. 1970년대에 들어 김용기 장로는 조상의 병폐를 '이조 5백 년을 지배한 양반사상'으로 명시했습니다. 조상 대신 '양반'이라는 지배 계층을 명시함으로 근로의 유무로 기득권인지 아닌지를 구분했습니다. 근로가 없는 곳에서 특권의식이 자라나고, 모두가 근로하는 곳에서는 기득권이 자리 잡을 수 없다는 것입니다.

첫째 근로, 이것은 사람이 먹고 사는 가장 기본적인 이념이다. 놀고먹겠다는 사상은 이조 5백 년을 지배해온 유교에서 온 소위 양반사상이다. 우리나라가 지금 후진성을 탈피하지 못하고 빈곤 속에서 사는 원인이 곧 그 와식사상臥食思想 내지는 불한당不汗黨 사상이다.…그리고 나는 이 근로생활의 일환으로 경제생활을 주장한다. 즉 "버는 재주가 없는 사람은 쓰는 재주도 없어야 한다"는 것이다.…나는 근로하지 않아도 천당에 갈 수 있다는 그런 종교의 교리를 들어본 일도 없고, 설령 그런 것이 있다 하여도 믿지 않는다.…예수님도 노동하셨다. 조물주의 창조도 위대한 일이었다. 예수님의 손에 로마병정들이 박은 못 자국만 알고, 노동을 해서 생긴 못 자국은 모르는 기독교인들은 진실로 예수를 아는 사람이라 할 수 없다.

_《이렇게 살 때가 아닌가》 323-325쪽

여기서 또다시 종교를 언급한 이유는 종교인들이 늘 기득권의 한 구석을 차지해서가 아닐까요. 그런데 기득권 폐지를 주장하는 근로 이

"일하기 싫으면 먹지도 마라"
이 근로 이념은 기득권 문제까지 연결된다. 근로가 없는 곳에서 특권의식이 자라나고, 모두가 근로하는 곳에서는 기득권이 자리 잡을 수 없다.

넘이 공산주의 사상과 비슷하게 보일지도 모르겠습니다. 하지만 김용기 장로는 '근로'와 함께 '경제생활' 개념을 소개합니다. "버는 재주가 없거든 쓰는 재주도 없어야 한다"는 말은 달리하면 '버는 만큼 쓰자는 것'입니다. 이는 자본주의 사상이지 공산주의 사상이 아닙니다. 다 같이 일한다는 개념은 근로 행위에 동참한다는 뜻이지, 결코 근로의 양과 질이 똑같아야 한다는 것이 아닙니다.

"조물주의 창조도 위대한 일"이라는 표현은 탁월한 신학적 통찰이지만, 이 역시 인간의 근본을 파고드는 사상에서 나왔습니다. '조물주'라는 용어는 성경에 자주 나오지 않고, 단지 '피조물'의 상대어로 사용될 뿐입니다. 그럼에도 불구하고 김용기 장로는 자신의 책에서 '하나님' 대신 '조물주'라는 표현을 사용합니다. 조물주라는 용어는 특정 종교와 관계없는 보편적 표현인데, 이 말에서 김용기 장로의 인간관이 드러납니다. 김용기 장로는 철저하게 사람의 존재를 창조의 결과로 봅니다. 여기서 창조는 창조론-진화론 논쟁과 전혀 관계가 없으며, 인간의 기원을 강조하기 위해서가 아니라 인간의 존엄을 드러내려는 의도입니다. 조물주와 그분의 '일(창조)'을 부각하는 것은, 조물주도 하신 그 '일' 자체(근로)가 위대하다는 뜻이며, 그 일의 결과인 '인간'이란 존재도 위대하다는 뜻입니다.

이러한 근로 이념을 가진다는 것은 근로의 본질을 알고 근로의 결과를 염두에 두는 것입니다.

첫째로 근로는 사람이 먹고 사는 가장 기본적인 이념이다. "일하기 싫어하거든 먹지도 말게 하라"고 데살로니가후서 3장 10절에 명시되어 있는 말씀이다. 오늘날 미국이 부를 누리는 것은 결코 우연이 아니다. 그들의 조상 청교도들이 얼마나 일을 많이 했는가는 누구나 다 아는 일이다. 이웃 일본은 근면이 그들의 민족성으로 되어 있고 이스라엘, 독일, 모두가 근면의 결과이다. 그런데 우리나라는…관존민비, 농민천시 이 사상은 모두 이조 5백 년 동안의 양반들이 만들어놓은 유물이다.…그런데 근로한 그런 나라들이 어찌하여 오늘날 그처럼 모두 부패의 길을 걷고 있는가?…"남으면 하나님을 몰라본다"는 말은 성경에도 있는 것이다. 과학과 물질문명이 오늘날처럼 발달하고 하나님을 몰라봄은 오히려 당연한 것이며 그 종말은 멸망밖에는 없는 것이다. 모름지기 주 예수 그리스도 안에서 조용히 일하여 자기 양식을 먹으면 되는 것이다.

_《심은 대로 거두리라》 330–332쪽

근로의 본질은 신약성경 데살로니가후서 3장 11절에 나오는 구절을 근거로 합니다. 그런데 "도무지 일하지 아니하고 일을 만들기만 하는 자들이 있다 하니"라는 말은 역설적입니다. '일을 만드는 것'은 나름대로 '일한' 결과이기 때문입니다. 그렇다면 나름대로 '일한' 결과(일을 만드는 것)가 있는데도 성경은 왜 "일하지 아니하고"라는 평가를 내렸을까요? 이에 대한 김용기 장로의 결론은 근로한 결과가 다른 사람에게 고통(일을 만드는 것)이 되면 근로하지 않은 것과 같다는 것입니다. 김용기 장로는 이러한 통찰을 바탕으로 1975년의 세계정세를 보기로 듭니다. 미국, 일본, 이스라엘, 독일이 모두 투철한 근로 사상을 뿌리로 선진국 대열에 들어섰지만, 그렇게 열심히 일한 결과가 오히려 인류에게는 핵무기로 인한 고통이라는 것입니다. 근로의 본질은 '조용히 일해서 자기 양식을 마련해 먹는 것'이지, 일한다는 명분으로 일을 만들고 자기가 '만들어낸' 그 일로 다른 이들을 괴롭게 하는 것이 아니라는 뜻입니다.

근로를 상징하는 물건이 '삽'입니다. 그런데 은이나 금으로 삽을 만드는 사람은 없습니다. 아니 만든다 해도 쓸모가 없습니다. 녹슬지는 않겠지만 너무 물러서 땅을 팔 수가 없겠죠. 금이나 은으로 만들 수 있는 수저와 달리, 삽은 오직 '흙 삽'뿐입니다. '흙 삽'은 땅을 갈아엎고 판을 바꿉니다. '삽질'은 누가 하느냐에 따라 쓸데없는 일이 되기도 하고 생산적 일이 되기도 합니다. 대한민국 예비역들에게 '삽질'은 무의미한 노력일 때가 많지만, 개척자의 '삽질'은 새로운 세상을 만드는 힘입니다. 괴테의 《파우스트》에서, 끝없이 방황하던 파우스트 박사를 구원으로 이끄는 것은 바로 '삽질'입니다.

삽질하는 저 소리 정말 흐뭇하구나!

저들은 날 위해 일하는 무리들,

바다의 땅을 육지로 만들고,

파도를 막는 경계를 정하며,

바다를 튼튼한 제방으로 둘러막고 있다.

(중략)

이로써 수백만에게 땅을 마련해주는 것이니,

안전치는 않더라도 자유롭게 일하며 살 수 있으리.

들이 푸르고 비옥하니, 인간과 가축들은

새로운 땅에 곧 정이 들 것이요,

용감하고 근면한 백성들이 쌓아올린

견고한 언덕으로 곧 이주해오리라.

밖에선 성난 파도가 제방을 때린다 해도,

여기 안쪽은 천국 같은 땅이 될 거야.

파도가 세차게 밀려와 제방을 갉아먹는다 해도

협동하는 마음, 급히 구멍을 막아버릴게다.

(중략)

나는 이러한 군중을 지켜보며,

자유로운 땅에서 자유로운 백성과 살고 싶다.

그러면 순간을 향해 이렇게 말해도 좋으리라.

"멈추어라, 너 정말 아름답구나!"

_요한 볼프강 괴테, 《파우스트 2》(민음사) 362-364쪽

"한 손에는 성경, 또 한 손에는 삽." 이 말은 무척 의미심장합니다. 중세 기독교 사회에서는 지배층만 성경을 읽을 수 있었습니다. '성경'은 신분 차별의 상징이기도 했습니다. 일반인의 금서 목록에 성경이 포함되는 역설적 상황이 기독교 사회에서 일어납니다. '삽' 역시 신분 차별의 상징이었습니다. 중세 신분제 사회에서 삽은 아무나 들 수 있는 도구가 아니었습니다. 피지배층만이 사용하는 도구였죠. 조선시대 양반이 '삽질'을 할 수 없어 굶어야 하는 상황도 이런 차별 때문이었습니다. 따라서 한 손에 성경을 들고, 다른 한 손에 삽을 든 사람은 더 이상 위아래가 없다고 외치는 셈입니다.

수저 대신 삽을 들라는 말은 "젊어서 고생은 사서도 한다"거나 "아

프니까 청춘이다" 식의 열정을 강요하는 구호와는 거리가 멉니다. 바둑판의 검은 돌과 흰 돌을 따지지 말고 아예 판을 바꾸자는 것입니다. 수저질과 삽질의 본질이 다르듯 아예 규칙을 바꾸자는 것입니다. '금수저'와 '흙수저'에 큰 차이가 있지만, 둘 다 물려받았다는 본질은 똑같습니다. 본인의 의지나 노력과는 무관하게 그냥 받은 것이죠. 그러므로 '금수저'와 '흙수저'의 차이가 본질 자체를 바꾸는 것은 아닙니다. 대상 자체를 바꾸어야 본질이 달라집니다. 내가 추구하는 것이 '삽'이라면, 다른 사람이 '금수저'를 물었던 '은수저'를 물었던 상관없다는 것입니다. 비교 대상이 달라졌기 때문입니다.

비난 대신 도와주라

봉사에는 좌우가 없다

봉사란⋯남을 위해 하는 모든 일을 가리킨다. 그리스도의 일생은 그의 가나에서 행하신 첫 번 기적으로부터 세상을 구원하시기 위한 갈보리의 십자가에 이르기까지 시종일관한 봉사의 생활이었다. "너희 중에 크고자 하는 자는 섬기는 자가 되라"라고 하신 말씀은 이 봉사의 뜻을 가장 단적으로 표현한 예수님의 대표적인 말씀이다. 빼앗은 것은 죄악이고 주는 것은 복이다.⋯사람은 원래 고립하여서는 못 살아가는 존재다. 서로 위하고 위함을 받으며 살아가게 되어 있다. 남편은 아내를 위하고 아내는 남편을 위하고, 이웃은 이웃끼리 위하고 정부는 백성을 위하고 백성은 정부를 위한다. 거기에는 협동과 단결이 형성된다. 봉사는 인간이 사회생활을 하는 기본이념이다.

_《가나안으로 가는 길》 409~410쪽

가나안 복민주의가 말하는 봉사의 내용은 매우 넓습니다. 봉사의 크기는 상관없습니다. 지극히 작은 일이라도 '남을 위해 한 일'은 봉사이며, '남을 위해'라는 말은 대상에 제한이 없다는 뜻입니다. 나 외의 다른 모든 존재가 남이며, 남을 따질 때는 좌우나 빈부나 귀천이나 심지어는 원수도 없습니다. 이것이 성경의 방식입니다.

나는 너희에게 이르노니 너희 원수를 사랑하며 너희를 박해하는 자를 위하여 기도하라. 이같이 한즉 하늘에 계신 너희 아버지의 아들이 되리니 이는 하나님이 그 해를 악인과 선인에게 비추시며 비를 의로운 자와 불의한 자에게 내려주심이라(마 5:44-45).

봉사에는 대가가 없습니다. 햇빛과 하늘에서 내리는 비처럼 공짜입니다. 물론 이 단어를 영어로 옮기면 의미가 달라집니다. 서구에서 '서비스service'는 절대 공짜가 아닙니다. 누군가에게 서비스를 받으면 반드시 그 대가를 지불해야 합니다. 호텔 영수증에 항상 봉사료라는 항목이 붙는 것도 이 때문입니다. 그런데 우리말은 다릅니다. 특별한 업종을 제외하면, 서비스는 인심을 쓰는 것입니다. 음식점이나 가게에서 서비스로 주는 것은 공짜입니다. 마음씨 좋은 중국음식점 주인이 서비스로 주는 군만두처럼, 햇빛과 하늘에서 내리는 비는 조물주가 인간에게 제공하는 서비스입니다. 봉사는 조물주의 일입니다.

봉사의 당위성

봉사의 사상은 이상촌을 건설한 경험에서 나왔습니다.

이상의 방법들은 어느 일개인의 명령으로 하는 것이 아니라 어디까지나 부락 전체의 종합된 의견으로 결정하여 내가 실행하곤 하였다.

_《가나안으로 가는 길》 100쪽

이처럼 15년에 걸친 '봉안 이상촌' 경험은 '사회생활을 하는 기본 이념'을 수립하는 과정이었습니다. 봉사의 당위성이 이상촌 경험과 관계가 깊다면, 봉사의 개념은 김용기 장로가 건설했던 공동체의 성격과 관계가 있습니다. 모든 것이 지시와 규율로 운영되는 공동체에는 봉사라는 개념이 없습니다. 봉사가 필요한 공동체는 자율적이며 개인의 주장이 존중되는 곳입니다.

다음 내용은 김용기 장로의 "대학생들에게 하는 말"에 나옵니다.

봉사란 뭔가? 협조와 단결이다. 이 역시 조물주의 뜻으로서 사람은 원래 혼자서 고립되어 가지고는 살 수 없도록 만들어졌다.

_《가나안으로 가는 길》 325쪽

그런데 왜 '대학생들에게' 봉사의 당위성으로 '조물주의 뜻'을 말했을까요? 대학생들에게는 오히려 '사회생활을 하는 기본 이념'으로 설명하는 것이 낫지 않았을까요? 김용기 장로가 대학생들에게 3대 이념을 소개한 동기는 다음과 같습니다.

대학에 불려가서 학생들에게 하는 나의 말은 무슨 말인가? 첫째, 우리의 학문을 확립해야 된다는 얘기를 해준다. 우리나라는 건전한 종교가 없었고 건전한 학문이 없었던 나라다.…그러니 지금부터라도 바른 우리의 학문을 세워야 한다. 그래 이제부터 우리 민족이 영원히 살아갈 주장, 즉 이념으로 삼을 만한 역사를 창시해나가야 된다.

_《가나안으로 가는 길》 323-324쪽

김용기 장로가 3대 이념과 3대 의식을 대학생들에게 소개한 동기는 바로 우리의 학문을 확립해야 한다고 역설하면서였습니다. 그런데 흥미로운 사실은 "건전한 학문"과 "건전한 종교"를 함께 언급했다는 점입니다. 학문과 종교의 조합이 우리 시대에는 부자연스러울지 모르지만, 김용기 장로에게는 '진리眞理'를 추구한다는 점에서 학문과 종교는 같은 범주에 속했습니다. 그러므로 학문 추구자에게는 '사회적 이념'으로 봉사를 설명하기보다, 완전종교에 부합하는 '조물주의 뜻'으로 봉사의 이념을 전했습니다.

봉사에도 '실속'이 있다

봉사란 뭔가? 협조와 단결이다.…사람은 왜 남을 도와야 하나? 자기가 도움을 받기 위해서다. 그렇지 않고는 살 수 없기 때문이다. 홍수가 났을 때 개미떼들이 떠내려가는 것을 보면 모두 밤송이처럼 한 덩어리로 뭉쳐서 뒹굴어가며 떠내려간다. 한쪽이 물에 잠길 동안 한쪽은 숨을 쉰다. 모두가 서로 돕고 굳게 단결하고 있지만, 그것은 자기는 죽고 다른 개미만을 살리기 위한 것이 아니라 자기도 살기 위한 것이다.

_《가나안으로 가는 길》 325-326쪽

위의 글 역시 김용기 장로가 "대학생들에게 하는 말"에 나옵니다. 여기서 봉사의 정의는 '협조와 단결'입니다. '협동' 대신 '협조'라는 표현이 눈에 띕니다. 앞에서 언급했듯이 '협동과 단결' 역시 분명 봉사입니다. 하지만 '협동' 대신 '협조'라는 표현을 사용하면 봉사의 의미가 달라집니다. 협동과 단결은 동작과 상태라는 양상의 차이만 나타내지 거의 동어반복이며, 집단의 결과에만 초점을 맞춥니다. 반면 협조와 단결은 집단의 결과(단결)뿐 아니라 개인의 의지(협조)도 함께 포함합니다. 이를테면 '단결'이라는 단어에 '나'라는 주어를 사용하면 어색합니다. "우리는 단결할 것이다"라고 표현해야 어울립니다. 아울러 '협동'이라는 단어는 '~할 것이다'라는 의지 표현에는 어울리지 않습니다. "나는 협동할 것이다"라는 표현보다 "나는 협조할 것이다"라는 표

가나안농군학교 특별기 제168기(유신고속 제1기) 수료자
봉사를 비롯한 여러 새로운 의식이 가나안농군학교를 통해 사회 곳곳으로 퍼져나갔다.

144

현이 더 자연스럽습니다. 이렇듯 봉사를 '협조와 단결'로 정의할 때 비로소 개인의 의식적이고 자발적인 참여가 제 모습을 드러냅니다. 이때 개인이 의식해야 할 것은 무엇일까요? 봉사란 궁극적으로 자신도 사는 길이라는 의식입니다. 이 점이 봉사와 희생의 차이입니다.

봉사는 보람이다

빼앗는 것은 죄악이고 주는 것은 복이다. 남의 것을 거저 빼앗으면 강탈죄로 징역 가는 길밖에 없지만 남에게 주면 반드시 그 보응이 온다. 받은 자는 감사히 여길 것이며 그도 또한 뭔가 주려고 애를 쓸 것이다. 예수님의 봉사는 인류를 죽음에서 구원하여 영생을 얻게 하는 보응을 얻었다.

_《가나안으로 가는 길》 410쪽

김용기 장로가 말한 3대 이념에서 사용하는 '보응' 또는 '보상'이라는 개념은 일반적 쓰임새와는 전혀 다릅니다. 위 글에서 "예수님의 봉사는 인류를 죽음에서 구원하여 영생을 얻게 하는 보응을 얻었다"고 했는데, 여기서 보응은 '인류를 죽음에서 구원하여', '영생을 얻게 하는' 두 가지입니다. 그런데 보응을 얻은 대상이 예수님이지만, 예수님에게 어떤 혜택을 주었다는 의미가 아닙니다. "예수님의 봉사는…보응을 얻었다"라는 문장의 구조를 분석하면 보응을 얻은 것은 '예수님'이 아니라, 예수님의 '봉사'입니다. 결국 김용기 장로가 의도한 바는 예수님의 봉사가 헛수고나 아무 성과 없는 일이 되지 않고 온 인류에게 효과적으로 도움을 주었다는 것입니다. 따라서 '보응'이라는 단어를 '보람'으로 바꾸면 김용기 장로의 의도가 더 분명히 드러납니다. 봉사에는 '보람'이라는 '보응(보상)'이 따른다는 것이죠.

봉사는 영원하다

봉사, 이것은 협조와 단결의 정신을 말한다. 이 역시 조물주 신의 뜻으로서 사람은 원래 혼자서 고립되어서는 살 수 없도록 만들어졌다. 그런데 우리나라 사람들은 근로정신의 결여와 함께 이 정신이 희박하다. 협조는커녕 이웃을 헐뜯고 욕하고 자기 혼자만 제일 잘났다는 식이다.…다소나마 무엇을 하였다면 그것은 내 자신도 잘살기 위해서이다. 남들이 잘돼야 나도 잘될 것이기 때문이다.…아무리 돈이 많고 문화적인 혜택을 받는다 해도 나 혼자만으로는 살 수가 없다.…그리고 나 혼자만 잘살고 온 나라사람들이 모두 못 산다면, 도둑 때문에 살 수가 없고 그 사람들과 나와는 언제나 적이 될 수밖에 없다.…그런 사람들이 자기 일신만 잘살기를 원한다면 나는 자손들 대까지도 잘살기를 원한다. 그 사람들이 자손 대까지 잘살기를 원한다면, 나는 자손만대 언제까지나 잘살기를 원한다.

_《이렇게 살 때가 아닌가》 325-327쪽

위의 말에서는 새로운 개념이 등장합니다. "나는 자손들 때까지도 잘 살기를 원한다.…나는 자손만대 언제까지나 잘 살기를 원한다"라는 개념입니다. 봉사의 이념이 "나 혼자만으로는 살 수가 없다"는 사상에서 나왔음은 이미 논의했지만, 여기서는 이 사상의 범위가 수평에서 수직으로 확대됩니다. 봉사가 '인간이 사회생활을 하는 기본 이념'으로 작동할 때는 봉사하는 당대까지가 그 범위이며 수평적입니다. 그런데 봉사자의 당대를 넘어 자손에까지 확대되면 봉사는 수직적으로 변합니다. 수평적 범위는 언젠가 끝나지만 수직적 범위는 지구의 종말이 오지 않는 한 끝이 없습니다. 봉사의 범위를 수직으로 확대하면, 개인이 죽음을 맞이했어도 봉사를 멈출 이유가 사라집니다. 죽을 때까지 봉사할 이유가 생기는 것이죠.

봉사 없는 세상에는 탐욕과 투쟁이 자란다

예수께서는 친히 제자의 발을 씻기심으로 봉사의 모범을 보이셨다. 이는 협조와 단결을 의미한다.…독불장군이란 말이 있다. 무졸지장은 있을 수 없다는 말이다. 그런데 우리나라는 모두가 다 독불장군들이다. 그야말로 모두가 천상천하의 유아독존들이다. 그것은 부처이다.…잘난 사람이 많으면 진짜 잘난 사람이 없는 법이다. 그래서 우리나라는 그렇듯 저마다 잘났다고 하는데도 정작 무슨 일을 할 때는 인물난, 인물난 하고들 정말 잘난 사람이 없어 쩔쩔맨다. 서로 잘났다고 하는 사회에서는 봉사란 없다. 투쟁이 있을 뿐이다.…봉사란 바꾸어 말하면 남한테 도움을 받는 것을 말한다. 참 자기를 위할 줄 아는 사람은 남을 돕는다.…봉사 정신의 반대는 탐욕이다. 탐욕을 부려 남의 나라를 침범하는 것이 전쟁이다. 이 세상은 전쟁으로 종말을 재촉한다. 오직 하나님 안에서 남을 위해 사는 것이 사람의 사는 길일뿐이다.

_〈심은 대로 거두리라〉 333–335쪽

147

봉사 정신의 반대가 '투쟁'과 '탐욕'이라는 말은 바꿔 말하면, 봉사의 기능은 투쟁을 멈추게 하고 탐욕을 사라지게 만든다는 것입니다. 서로 잘났다고 나서는 사회에서 봉사는 앞으로 나서지 않고 뒤로 물러서는 것일 수 있습니다. 적극적으로 뭔가를 '하는 것'만이 봉사가 아니라, 때로는 '하지 않는 것'이 봉사일 때도 있습니다. 남이 할 수 있도록 돕는 것이 바람직한 봉사겠죠. 나서지 않고 양보하는 봉사를 하려면 탐욕이 없어야 합니다. 명예든 인기든 재물이든 탐욕 있는 사람은 물러설 수 없고 양보할 수 없기 때문입니다. 가나안 복민주의에서 봉사의 반대를 '탐욕'이라고 규정하는 이유가 바로 이 때문입니다.

봉사 없는 '에덴'은 낙원이 아니다

사람은 원래 혼자서 고립되어 살 수 없도록 만들어진 존재다. 조물주 신께서 당초에는 당신의 형용을 본떠서 아담 한 분만 만들었다. 그리하여 혼자서 에덴동산에 살도록 하였다. 그런데 그 좋은 에덴동산에 살면서도 아담에게는 즐거워하는 기색이 보이지 않았다. 그래서 조물주 신께서는…아담을 돕는 배필, 즉 이브를 만든 것이다. 혼자는 못 살게 된 것이 인간이다.

_《그분의 말씀을 따라》 36-40쪽

가나안 복민주의는 지상낙원 건설이라는 꿈에서 시작합니다. 지상낙원의 원형은 성경의 '에덴' 동산입니다. 에덴동산을 낙원이라고 할 때는 살기 좋은 환경뿐 아니라 살아가는 '삶의 방식'도 포함합니다. 가나안 복민주의는 그 삶의 방식 중 하나가 봉사이며, 봉사 받을 수 있는 환경이 아니라 봉사할 대상이 있는 곳을 낙원으로 규정합니다. 성경의 에덴동산 이야기는 남자를 도움 받는 존재로, 여자를 돕는 존재로 표현하는데, 바꾸어 말하는 둘의 관계에서는 봉사가 핵심입니다. 여자 없는 남자는 에덴이라는 낙원에 있어도 '보기에 좋지 않았고', 남자가 없었다면 여자는 등장하지 않았다는 것이 에덴동산 이야기의 주요 내용인데, 도움을 주고받을 대상이 없다면 에덴이라도 낙원이 아니라는 것이죠.

에덴동산 이야기는 결국 비극으로 끝납니다. 최초의 남자와 여자는 서로 책임을 회피합니다. 봉사와는 거리가 먼 내용이죠. 그럼에도 불구하고 둘의 관계는 끊어지지 않습니다. '돕는 배필'과 '도움을 받는 존재'로서의 남녀 관계는, 에덴 밖에서도 지금까지 유지되고 있습니다. 80대 할머니가 '남편'을 네 글자로 표현하랬더니 '평생원수'라고 했다는 우스갯소리가 있는데, 중요한 사실은 그럼에도 불구하고 수많은 할머니들이 여전히 당신들의 '평생원수'를 돕고 있다는 것입니다. 비난 대신 돕는 것이 거창한 일 같지만 이렇게 단순합니다.

계산 대신 먼저 주라

희생에는 선후가 없다

희생과 봉사의 차이

희생은 사랑을 가리키는 것으로 봉사보다 더 앞선다. 사랑은 하나님의
중심 사상으로 인간이 도달하기에 가장 어려운 길이다. 예수님이 십자
가에 못 박히심이 곧 희생이요, 사랑이다. 그러므로 구약 시대에는 희생
과 제사와 제물을 거의 같은 뜻으로 썼다. 제사는 하나님의 호의를 얻어
그와 친절한 관계를 맺고자 하는 기원의 표시다. 그 친절한 관계, 그것이
곧 사랑이고 이는 아주 지고지선의 순수한 사랑이기 때문에 희생이다.
그 제사제도에 포함되고 표현된 모든 관념은 주님 자신의 생애, 사업, 수
난에서 완성된 것이었다. 그러므로 우리 인간 세상의 희생 중에는 예수
그리스도의 희생 이상의 희생이 없으며 그 이상의 사랑이 없다. 희생에
는 반드시 보응이 있다. 그리고 그 보응은 봉사의 보응보다 몇 백 갑절이
나 더 큰 보응이다. 가족을 위해 아버지가 봉사하면 가족들이 기뻐하지

만, 가족을 위해 아버지가 희생을 하면 가족은 단지 기뻐하는 데 그치지 않고 구원을 받는다. 나라를 위해 봉사를 하면 나라가 부흥해지지만 나라를 위해 희생하면 나라가 구원을 얻는다. 망할 가정을 대신하고 망할 나라를 대신하여 희생했기 때문이다. 그 희생은 사랑이 아니면 되지 않는다. 이 희생만큼 사람이 가지고 있는 사람으로서의 능력을 최고로 발휘하는 것은 없다. 아낌없는 사랑이 곧 희생이다.

_《가나안으로 가는 길》 410쪽

희생은 봉사보다 더 앞섭니다. 봉사는 대칭적이나 희생은 비대칭적입니다. 다시 말해 봉사는 '서로' 할 수 있지만, 희생은 '서로' 할 수 없습니다. 희생은 한쪽만 할 수 있을 뿐입니다. 그래서 봉사는 사회적이지만 희생은 종교적입니다. 희생은 돕는 것이 아니라 대신하는 것입니다. 망할 가정, 망할 나라, 망할 대상을 대신해서 구원하는 것이 희생입니다. 그래서 희생에 대한 보응이 봉사에 대한 보응보다 더 큽니다. 김용기 장로가 말하는 '보응'이 일반적 보응과 다르다고 앞서 말했는데, 그가 말하는 보응이란 희생이나 봉사의 효과적인 결과, 큰 영향력입니다.

이 희생은 상대만을 위해서 나를 멸하는 사상으로서, 아가페의 고도한 사랑에서 나온다. 그 사랑은 곧 예수님의 사랑이다. 자기를 희생함으로써만이 실현되는 것이며 하나님과 이웃에 대한 순수한 사랑인 것이다. 본래 사람에게는 누구에게나 이 사랑의 마음이 있는 것이지만 가리워져 잘 보이지 않을 뿐이다.

_《이렇게 살 때가 아닌가》 325-327쪽

따라서 희생은 사랑, 그것도 고도의 아가페 사랑과 동의어입니다. 흥미로운 것은 이런 사랑의 마음이 신만이 아니라 사람에게도 있는데, 다만 가려서 잘 보이지 않을 뿐이라는 게 일가 김용기 장로의 생각입니다. 이런 생각은 긍정적 인간관에서 비롯됩니다. 신만이 할 수 있다고 여길 수 있는 아가페의 사랑, 그 희생이 인간을 통해서도 가능하다고 주장하는 것은 '인간성'을 무한 신뢰한 결과이지요.

희생이란 사랑을 검증하는 수단이다

"한 알의 밀이 땅에 떨어져 죽지 아니하면 한 알 그대로 있고 죽으면 많은 열매를 맺느니라. 자기 생명을 사랑하는 자는 잃어버릴 것이요, 이 세상에서 자기 생명을 미워하는 자는 영생하도록 보전하리라"(요 12:24-25). 이보다 더 알기 쉬운 말은 없다. 하나를 버리면 열을 얻는다.…진실로 가족을 사랑하는 아버지라면 그 가족을 위해 죽을 수가 없겠는가? 마찬가지로 진실로 나라를 사랑하는 사람이라면 그 나라를 위해 죽을 수가 있는 것이다. 그것이 사랑이요, 희생이다. 내 눈에 아름답게 보이니까 사랑

학교는 사랑을 실습하는 현장
김용기 장로는 사랑의 마음이 신만이 아니라 사람에게도 있는데, 가려서 잘 보이지 않는다고 믿었다. 아가페의 사랑, 그 희생이 인간을 통해서도 가능하다고 생각했다.

한다면 그것은 희생이 아니라 정반대인 이기이다. 즉 나 자신을 위해서 내 욕심을 채우기 위해서 상대를 내 소유로 하려는 것밖에는 안 된다. 오직 나를 버리는 '희생하는' 사랑 그것만이 진실한 사랑이다. 이 사랑이 지배하는 세상은 영원한 세상이 될 것이다. 반대로 미움이 지배하는 세상은 오늘날의 세상처럼 전쟁과 살륙이 그칠 날이 없을 것이요 언제까지나 빈곤이 계속될 것이다.

_《심은 대로 거두리라》 335-336쪽

희생이란 "하나를 버리면 열을 얻는다"라는 말로 정리됩니다. 하나를 버리는 것 역시 사랑이므로 "사랑을 하면 열을 얻는다"라고 할 수 있겠죠. 하지만 희생은 그 자체로 희생이지만, 사랑은 그 자체만으로 사랑이라 할 수 없습니다. 왜냐하면 사랑 앞에 '거짓된'이라는 수식어가 붙어 사랑의 본질 자체를 부정할 수 있기 때문입니다. 희생이라는 말 앞에는 '거짓'이라는 수식어가 올 수 없습니다. 하나뿐인 생명을 담보로 하기 때문입니다. 이기적 사랑, 자신의 욕심을 채우는 사랑이라면 희생과 동의어가 될 수 없습니다. 결국 사랑은 사랑 그 자체로 검증되지 않으나 희생은 희생 그 자체로 인정됩니다. 따라서 사랑을 검증하는 방법이 바로 희생입니다. 그래서 희생은 궁극적으로 사랑을 확인하는 기준이 됩니다.

희생이란 실패처럼 보이는 성공이다

그 후 모세의 후계자에 의해 그의 동포들은 모두 그 소망의 가나안 땅에 들어갈 수가 있었으니 결국 모세는 자기 사명을 다하고 동포를 위해 그 제물이 된 셈이었다. 성경에도 그 후 모세와 같은 선지자는 이스라엘에 없었노라고 기록되어 있다.

_《그분의 말씀을 따라》 152쪽

김용기 장로의 《그분의 말씀을 따라》에서 "복민주의란 무엇인가?(Ⅱ)"는 모세의 실패로 끝납니다. 이집트에서 4백 년 동안 아무 생각 없이 살던 민족을 '가나안'으로 가야 한다고 설득해서 이끌어내고, 40년 동안 광야에서 방황하다가, 결국 자신은 가나안에 들어가지 못하고, 다른 사람들이 들어가는 것을 지켜봐야 했던 모세! 성경도, 역사도 모세를 실패자로 여기지는 않습니다. 그 이유는 김용기 장로가 설명했듯이, 실패처럼 보이는 희생이었기 때문입니다. 희생은 실패처럼 보이지만 항상 진정한 성공이라는 신비를 품고 있습니다.

5

가나안 복민 의식,
흐르는 강물처럼

'의식화'에는 의식이 없다

깨어 있으라

　사람이 정신을 잃었을 때, '의식이 없다'고 하지 '이념이 없다'고 하지는 않습니다. 의식은 인간 정신 활동의 본질입니다. 의식은 선천적이며, 특별한 장애를 가진 경우를 제외하고는 모든 인간에게 '주어진' 것이기 때문입니다. 의식과 이념은 다릅니다. 공산주의에서는 의식과 이념의 구분이 없습니다. 이념으로 의식을 만드는데, '의식화'라고 하죠. 의식을 만드는 것은 철저히 인위적 행위입니다. 사람을 지배하겠다는 의도입니다. '의식화'는 이념이 사람의 의식을 완전히 차지한 상태를 말하며, 그 결과 의식 속에는 오직 이념만 들어 있게 됩니다. 따라서 역설적으로 그 속에 의식은 없습니다.

　의식이 없고 이념만 있는 사람은 맹목적입니다. 맹목적인 사람은 그 능력이 아무리 뛰어나도 잘 훈련된 동물에 불과합니다. 그의 능력은 자기 것이 아니라 그를 지배하는 '주인' 것이기 때문입니다. 심지어 지도자라 할지라도 의식이 없고 이념만 소유했다면, 조지 오웰의《동물

158

농장》에 나오는 돼지들의 우두머리일 뿐입니다. 의식 없는 이념은 인간성을 파괴하고 전쟁을 불러옵니다. 핵무기보다 세상을 위태롭게 만듭니다. "깨어 있으라"는 말은 이념을 통해 의식을 가지라는 것이 아니라 의식을 통해 이념을 가지라는 뜻입니다. 의식은 이념의 방향과 속도를 통제하는 내비게이션입니다. 의식 있는 이념은 인간성을 강하게 만들고 세상을 건설합니다.

그러므로 가나안 복민주의에서 강조하는 의식이란, '의식화'와는 관계가 없습니다. 의식을 '주입하는' 것이 아니라 '끌어내는' 것이기 때문입니다. 그렇다고 해서 모든 의식을 끌어내는 것은 아닙니다. 심리치료사가 하듯이 무의식 속에 깊이 감춰져 있던 '욕망'이나 '원초적 본능'까지 끌어내지는 않습니다. 잠재된 의식의 '판도라' 상자를 열면, 스스로는 후련할지 모르지만 주변에는 공포가 될 수도 있기 때문입니다. 가나안 복민주의는 삶을 변화시키고 사회를 발전시키며 인류를 행복하게 만들어줄 의식들만을 깨웁니다.

우리 시대의 위기

이념들을 구출하라

김용기 장로는 1968년과 1970년에 각각 출간한 《가나안으로 가는 길》과 《이렇게 살 때가 아닌가》에서 근로의 목적을 '빈곤' 탈출이라고 분명히 밝힙니다. 이 주장은 시대적 상황과 맞물려 있습니다. 1960년 대는 소위 '보릿고개' 시대였으며, 빈곤 탈출은 그야말로 끼니 해결이 었습니다.

1975년에 출간된 《심은 대로 거두리라》에서는 더 이상 '빈곤'이라 는 표현을 사용하지 않습니다. 대신 '부국'이라는 말을 씁니다. 1975년 은 광복 30주년이 되는 해로서, 그 해 광복절 기념우표에 공장과 고속 도로와 통일벼 그림을 넣을 정도로 경제 발전에 대한 자신감이 묻어 납니다. 근로의 이념은 빈곤 탈출이 아니라 부국의 수단으로 변합니 다. 빈곤에서 벗어나는 것과 부국을 이루는 것은 다른 개념입니다. 가 난에서 탈출하는 것과 잘사는 것은 동의어가 아닙니다. 그런 의미에서 봉사와 희생의 이념 또한, 단순히 가난한 사람들에게 미래를 약속하는

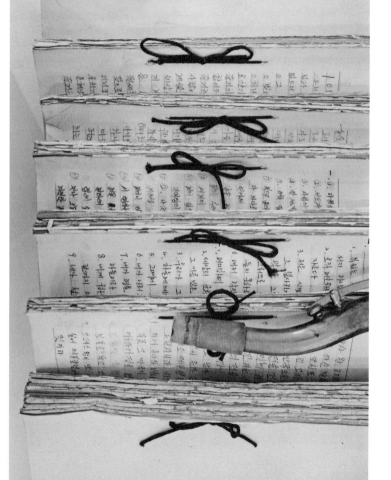

것이 아닙니다. 빈곤이 없어져도 인간의 본분인 근로는 계속되어야 하며, 모두가 잘살게 되어도 서로 봉사해야 하며, 매 순간 끊임없이 이어지는 희생이 우리와 이 사회를 영원히 존재하게 만드는 힘이 되어야 합니다.

그런데 역설적으로 우리는 1975년에도 말하지 않던 '빈곤'을 요즘 자주 언급합니다. 물론 OECD 회원국이 된 지금 끼니를 염려하지는 않지만, 빈곤의 공포는 1960년대보다 더 크게 다가옵니다. 내로라하는 대기업들의 고민은 '먹거리'입니다. 식품회사도 아닌데 '먹거리'를 말하는 것이야말로 '끼니' 걱정입니다. 반면 농촌에서는 과잉 생산 때문에 굶어죽게 생겼다고 합니다. 과잉 생산으로 굶어죽게 생긴 어처구니없는 상황은 1975년에는 그 누구도 상상치 못한 일입니다. 이유는 단 한 가지, 홍수 중에 마실 물 없다고, 실속이 없어서입니다.

이 시대의 어처구니없는 문제는 근로와 봉사와 희생에서도 발생하고 있습니다. 스마트 기기가 발달한 이 시대의 근로 시간은 차고 넘칩니다. 해 지면 자고 해 뜨면 일어나던 시대와 비교해 근로의 양은 엄청나게 늘어났습니다. 그런데 실속이 없습니다. 근로를 통해 몸과 마음이 삶을 얻지 못하고 도리어 병을 얻습니다. 벌이보다 더 많이 지출하며 허덕입니다. 빈곤할 수밖에 없습니다. 봉사는 이제 초등학생에게도 의무가 되었습니다. 대학에 가려면 봉사 실적을 쌓아야 합니다. 초등학생 때부터 시작한 봉사는 직장인이 되어서까지 이어집니다. 회사마다 경쟁적으로 봉사활동에 신경을 쓰면서 여기저기 봉사가 넘쳐납니다. 봉사의 실속은 '평화'인데, 자신의 이익을 위해서나 의무로 하는 봉사는 일종의 경쟁이요 전쟁입니다. 몸보다 마음이 더 피곤해집니다.

정신적 빈곤이죠. 희생의 실속은 '보람'입니다. 삶에 보람을 느끼는 사람은 죽음도 기쁘게 맞이합니다. 그런데 가족을 위해 아낌없이 희생했다는 아버지들에게 보람이 없습니다. 가족을 위해 머슴으로, '기러기'로, '사오정'으로, '오륙도'로 살았는데, '보람'은커녕 분노와 소주병만 쌓입니다.

근로와 봉사와 희생에도 실속이 없는 이 시대의 위기는 상대적입니다. 본인은 변하지 않아도 시대 상황이 계속 바뀌기 때문에 생기는 위기입니다. 아무리 좋은 생각이라도 시대의 급류 앞에서는 속수무책이 됩니다. 시대의 물결을 거스르면 투쟁이 될 뿐이며, 시대의 물결에 휩쓸리면 존재 가치가 사라집니다. 김용기 장로는 다음과 같이 해결합니다. "이념들을 구출하라." 그렇다면 그 이념들을 구출하는 수단은? 바로 '의식'입니다. 의식한다는 것은 이 시대의 물결을 거슬러올라가는 것도 아니요 휩쓸리는 것도 아니기 때문입니다.

의식은 이념의 변질을 막는다
의식은 인위적이지 않다

이념이 변했다면 그것은 같은 이념이 아니다.

이념은 변하는 것이 아니라 변질되는 것이다.

겉모습은 여전히 똑같다. 그러므로 위험하다.

근로의 이념이 변질되면 착취나 고통이 된다.

봉사의 이념이 변질되면 거래나 타락이 된다.

희생의 이념이 변질되면 테러나 자살이 된다.

의식은 본질이며 변질을 방지합니다. 의식이 본질인 이유는 인위적이지 않기 때문입니다. 물론 의식의 '대상'은 인위적으로 정할 수 있지만 의식 자체를 인간이 만들어낼 수는 없습니다. 의식은 주체적입니다. 의식의 대상을 주체적으로 이해하는 것이며 그 대상을 의식할 필요성에 설득되는 것입니다. 의식의 대상이 바뀔 수 있으므로 의식이 변할 수는 있지만, 변질되지는 않습니다. 누군가에게 "의식 있다"고

일가 김용기 장로
그는 아무리 좋은 이념이라도 변질될 수 있기 때문에 이를 막으려면 늘 깨어 있어야 한다고 강조했다.

말할 때, 그 의미는 항상 긍정적입니다. 반면, 이념은 자주 변질되는데, 그 까닭은 인위적으로 만들어졌기 때문입니다. 이념은 철저히 기획된 산물입니다. 이념은 설득하지 않고 강요합니다. 그래서 이념을 갖는다는 것은 주체적인 것과는 거리가 멉니다. 이념을 갖는 것이 주체적으로 보일 수 있지만 '의식하지 못하는' 사이에 누군가에게, 환경에 영향을 받은 것입니다. 강제된 것이라 변할 수가 없기 때문에, 이념과 현실이 도저히 부합하지 않으면 이념은 변질되고 맙니다.

제2차 세계대전 당시 죽음의 수용소 '아우슈비츠' 정문에는 이런 문구가 걸려 있었습니다. "노동이 너희를 자유케 하리라Arbeit macht frei." 이것이 바로 변질된 근로 이념의 대표적 본보기입니다. 강제수용소에 갇힌 이들에게 근로 이념은 복이 아니라 저주였습니다. 이들에게 근로의 끝은 자유가 아니라 죽음이었기 때문입니다. 나치 독일만의 문제가 아닙니다. 21세기 신자유주의가 불러온 경제적 불평등과 양극화 역시 근로 이념이 왜곡되어 나타난 현상입니다. 근로의 이념이 변질되거나 왜곡되는 이유는 간단합니다. 근로의 이념에 앞서야 할 인간의 본분에 대한 '의식'이 없어서입니다. 근로는 남에게 '시키는 것'이 아니라 내가 '주체적으로' 하는 것이라는 인간의 본분에 대한 의식이 있다면, 다른 사람을 짐승처럼 부리면서 일을 시킬까요? 내가 근로하는 주체이기 때문에 근로 소득은 전적으로 내 것이라는 신자유주의 이념이 아무리 득세해도, 근로는 사명이며 사명은 "남을 위한 일"이라는 의식이 조금이라도 남아 있다면, 국가 소득의 80퍼센트를 상위 1-2퍼센트 사람들이 독식하는 현상이 발생할 수 있을까요? 이처럼 근로의 변질은 '의식'의 부재에서 비롯됩니다.

거래로 변질된 봉사는 아무리 포장을 해도 썩는 냄새가 나기 마련입니다. 학생에게 봉사활동 보고서를 엉터리로 발급하는 기관이나, 기부금을 받아 본래 목적보다 운영비로 더 많이 쓰는 봉사 단체는 이념이 없는 게 아니라 '의식'이 없는 것입니다. 봉사의 이념을 내세워 열심히 일한다 해도, 봉사자의 본분과 사명과 목적에 대해 아무 의식이 없다면 봉사의 이념은 변질되고 맙니다. 자신이 봉사의 주체라는 본분 의식이 없는 사람은 한 기관의 '직원'일 뿐입니다. 직원은 창조적이지 않고 자유롭지도 않고 따라서 책임도 없습니다. 이런 '직원'에게 봉사의 대상은 거래처에 불과합니다.

맹목적 희생은 안 하느니만 못합니다. '맹목적'이라는 말 자체가 "의식이 없다"는 것입니다. 극단주의 무슬림의 자살 테러만이 맹목적 희생이 아닙니다. 맹모삼천지교孟母三遷之教를 '맹목'삼천지교로 만드는 부모들도 마찬가지입니다. 자기 생활은 포기하고 오직 자녀 주위만 맴도는 '헬리콥터 맘'이나 온 식구가 한 상에 둘러앉아 밥 먹는 삶을 포기한 '기러기 아빠'들이 살아가는 대한민국에는 '의식' 없는 희생의 이념이 곳곳에서 넘쳐납니다. 목적의식의 결여이며, 이는 가치에 대한 의식이 없다는 뜻입니다. 극단적 종교 이념보다 생명이 더 가치 있다는 의식이 사라지자 자살 테러를 일으킵니다. 자녀를 통한 성취보다 내 삶의 목적 추구가 더 가치 있는 일이라는 의식이 희미해지면서 변질된 희생 이념이 춤을 추기 시작합니다.

그러므로 복민은 끊임없이 다음 세 가지를 의식하며 살아야 합니다. 본분, 사명, 목적. 그리고 이 세 가지 의식은 시대에 따라 순서가 달라집니다. 그런데 이 세 의식의 순서가 매우 중요한데, 시대의 요구 사항을 반영하기 때문입니다.

① 목적의식	① 본분의식
② 본분의식	② 사명의식
③ 사명의식	③ 목적의식
《가나안으로 가는 길》(1968년)	《그분의 말씀을 따라》(1978년)

세 의식의 순서가 1968년 "가나안 복민대강"에서는 목적의식, 본분의식, 사명의식이었으나, 1978년의 《그분의 말씀을 따라》에서는 본분의식, 사명의식, 목적의식으로 바뀝니다. 1968년에서 1978년까지 10년 동안 대한민국은 그야말로 천지개벽했습니다. 급변하는 시대 상황에서 의식의 순서가 바뀌지 않는다면 그것이 오히려 이상한 일이겠죠. 아울러 의식이 있다는 것은 살아 있다는 것입니다. 생명이 있는 것은

변하는 것이 정상입니다. 생명이 없는 사물은 시간이 흘러도 변하지 않습니다. 살아 있는 존재는 시간과 상황에 따라 다르게 의식합니다. 다르게 의식한다고 해서 본질이 바뀌는 것은 아닙니다. 목적과 본분과 사명 또는 본분과 사명과 목적, 의식의 선후만 다를 뿐 본질은 변하지 않습니다.

복민의 본분

본분의식은 주체성에서 시작한다

본분의식의 '키워드'는 주체, 창조, 책임 그리고 자유입니다.

> 본분의식이란 사람이 지켜 행하여야 할 직분을 말한다. 사람의 등급이
> 이것으로 매겨지는데, 크게는 동물과 구별되는 개념이 된다. 사람이 짐
> 승과 구별되는 점은 여러 가지가 있다.…그래서 최소한도 사람에게는
> 사람으로서의 인격이라는 것이 있는데, 그 인격에는 다음의 네 가지 요
> 소가 갖추어져야 한다. 첫째는 주체성…둘째는 창조력, 셋째는 책임을
> 질 줄 아는 것으로 이는 의무의 이행이요, 넷째는 자유를 누릴 줄 아는
> 그것이다.
>
> _《그분의 말씀을 따라》 159쪽

본분은 남이 아니라 내게 속한 것이므로 본분의식은 주체성에서 시
작합니다. 아울러 남을 따라 하는 것이 아니기 때문에 창조성이 필요

합니다. 그러니 당연히 그 결과에 책임을 져야 하며, 자유를 누리는 사람만이 이런 의식을 소유할 수 있습니다. 그런데 나 말고 늘 의식해야 할 대상이 있습니다. 바로 신입니다. 신을 의식한다는 것은 신의 목적을 의식한다는 의미입니다.

> 신께서는 인간을 지으신 뚜렷한 목적이 있다. 그것을 인간의 편에서 보면 본분이 된다. 신이 인간을 만드신 목적은 인간을 통하여 신의 사업을 하시기 위함이었다. 그래서 신께서는 인간을 다른 만물과 구별하여 신의 형용대로 만드셨다. 인간을 권위 있게 하기 위함이었다. 그 신의 목적에 따라 향함이 인간의 본분이다.
>
> _《가나안으로 가는 길》 412쪽

내가 누리는 자유는 신의 목적과 부합해야 합니다. 그것이 본분입니다. 신의 목적을 의식하지 않고 인간의 주체성과 창조성만 의식할 때, 역설적으로 인간은 더욱 종속되고 퇴보합니다. 유물론은 신의 목적에서 인간을 해방시켰다고 했지만, 결과적으로는 인간의 주체성과 창조성을 말살시켰습니다. 가나안 복민주의가 이해하는 신의 목적은 종교적 목표를 달성하는 것이 아닙니다. 김용기 장로가 복의 개념에서 강조했듯 신의 목적은 인간과 모든 생물에게 내려준 복을 이루는 것입니다. 그 복이란 "생육하고 번성하여 땅에 충만하는" 것입니다. 결국 더불어 잘 살자는 것입니다.

그런데 '더불어' 잘 살기 위해서는 책임을 의식해야 합니다.

본분이란 곧 책임이다. 책임이란 뭔가? 부름에 대한 응답이다. 많이 배운 사람의 책임은 뭔가? 못 배운 사람을 가르쳐 주는 것이 책임이다. 그러면 부자의 책임은 뭔가? 가난한 사람의 부름에 응답하는 것이 그의 책임이다…이렇게 부자는 없는 사람의 부름에 응답하고, 국가는 백성의 부름에 응답하고, 국가가 난국에 처했을 때는 백성은 온 힘을 합하여 그에 응답해야 한다.

_〈그분의 말씀을 따라〉 165쪽

본분의식은 '책임'의 의미를 또한 강조합니다. 책임은 어떤 결과를 만들어내는 것만이 아니라 그 결과를 바꾸는 일까지를 포함합니다. 위의 글은 바로 그런 책임을 말하고 있습니다. 본분의식에 나타난 김용기 장로의 사상은 종교의식에서 사회의식으로 확장되는데, 이를 통해 우리는 다음의 사실을 알 수 있습니다. 본분의식이 신앙에서 출발했다는 것은 처음부터 누군가를 가르치기 위해서가 아니라 자신이 그렇게 살겠다는 의식이었으며, 이 의식이 사회의식으로 확장되는 과정에서 그의 삶은 '직분(인격)'과 '책임'과 '부름에 대한 응답'이 무엇인지를 여실히 보여줍니다.

복민의 사명
우리는 무엇을 위해 사는가?

사명이라는 말을 많이 사용하지만, 이 단어의 의미를 의식하면서 사용하는 사람은 그다지 많지 않아 보입니다.

사명이란 뭔가? 글자 그대로 목숨을 무엇을 위해 쓰느냐이다. 바꾸어 말하면 우리는 무엇을 위해 사느냐, 즉 누구를 위해 사느냐이다.

_《그분의 말씀을 따라》 165쪽

사명의 '사使'는 "부리다"는 뜻이고 '명命'은 "목숨"이라는 뜻이니, 목숨을 좌지우지하는(부리는) 것이 사명입니다. 가나안 복민주의는 이 단어의 의미를 '의식'합니다. 목숨을 걸고 하는 일이 '사명'임을 의식한다면, 이 말을 함부로 쓸 수 없습니다. 아울러 의미를 의식하는 사람이 이 말을 사용할 때라야 사명 완수가 보장되겠죠. 그런데 우리가 목숨을 걸고 해야 할 일이 무엇일까요? 과연 우리 삶에 목숨 걸고 해야 할 일이 있기나 할까요?

이것을 사람들에게 물어보면 두말할 것도 없이 모두 자기 자신을 위해 산다고 한다…얼핏 듣기에는 맞는 말 같지만 좀 생각해보면 그 말은 큰 모순과 당착에 빠져 있는 말이다. 자기의 목숨은 자신이 살리고 있는 것이 아니라, 실상은 남들이 살리고 있기 때문이다. 즉 남의 수고에 의해 살고 있는 것이 자신이란 말이다. 그런데 자기는 또 자신을 위해 산다니 모순이요, 당착이 아닐 수가 없다. 보라, 자신이 먹고 입고 일용하고 있는 것들이 자기 자신이 만든 것들인가?…남의 수고의 덕만 보고 사는 것은 사람이 아니다. 나도 뭔가 남을 위해 수고를 해야 한다. 그 수고가 많으면 많을수록 이웃이 잘 살고, 나라가 잘 살고, 인류가 잘 산다. 얼마나 좋은 일인가? 세상을 잘 살게 만드는 것 그것이 곧 사람의 사명이다.

_《그분의 말씀을 따라》 169쪽

김용기 장로는 사명을 "남을 위한 일"이라고 정의합니다. 세상을 잘 살게 만드는 것이 궁극적 사명이지만, 세상을 잘 살게 만들려면 "남을 위해" 수고해야 하고, 그러다 보면 사명은 자연스레 "남을 위한 일"이 됩니다. '나를 위한 일'은 사명이 될 수 없습니다. 나를 위해 목숨을 건다는 것은 모순입니다. 나를 위해 목숨을 바치는 순간, 그 혜택을 받아야 할 내가 사라지기 때문입니다. 목숨은 오직 남을 위해서만 걸 수 있습니다. 모든 사람이 공부해서 남 주지 않았다면 인류 역사는 사라진 고려청자의 운명과 같았겠죠. 그래서 공부는 단순히 취업 수단이 아니라 사명입니다. 종교인은 신앙이 아니라 사명을 잃었기 때문에 타락합니다. 종교인이 신앙을 잃으면 타락이 아니라 배교를 합니다. 그리고 사명을 잃은 정치가는 독재자가 됩니다.

이 목숨을 거는 일은 신을 의식하기에 가능해집니다.

일에는 사명감을 가지고 하는 일과 사명감을 가지지 않고 하는 일로 구별된다. 사명감을 가지고 하는 일은 그 성과가 크고, 사명감을 가지지 않고 하는 일은 그 성과가 작다. 일을 하나님한테 맡아서 할 때는 성과가 크고, 일을 인간한테 맡아서 할 때는 성과가 작다. 하나님한테 맡아서 하는 일은 자기 스스로 할 일이라고 생각하여 하는 일이며, 인간한테 맡아서 하는 일은 시켜서 하는 일이요, 마지못해 하는 일이기 때문이다. 스스

신림 개척 당시 군인들과 함께
목숨을 거는 일은 신을 의식하기에 가능하다. 그렇게 신이 맡긴 일과 인간이 맡긴 일이 다르고, 그러면 자발적으로 하는 일과 억지로 하는 일이 자연스레 나뉜다.

로 부모에게 효도하는 것은 사명이요, 남이 한다고 마지못해 하는 것은
사명이 아니다. 의당 매사는 사명의식을 가지고 해야 한다.

_《가나안으로 가는 길》 413쪽

그러나 단순히 신을 의식하는 것이 아니라, 신이 '맡긴 일'과 인간이
'맡긴 일'을 의식하는 것입니다. 그러면 일은 '자발적으로 하는 일'과
'억지로 하는 일'로 나뉩니다. 신은 눈에 보이지 않으므로, 신이 맡긴
일을 감당하는 것은 보는 사람이 없어도 자발적으로 일하는 것입니다.
이것이 바로 사명의 본질입니다.

자발적으로 일하는 것이 사명의 본질인 이유는 단순합니다. 이미 언
급했듯이, 사명이란 '목숨을 걸고' 하는 일인데, 억지로 일하는 사람은
절대로 목숨을 걸 수 없기 때문입니다. 오직 자발적으로 일하는 사람
이 목숨을 걸 수 있습니다.

복민의 목적

사람이 사는 목적은 무엇인가?

사람은 왜 살까요?

앞의 사명의식에서는 "사람은 누구를 위하여 사나?"였지만 목적의식에서는 "사람은 왜 사나?"가 된다. 사람은 왜 사나? 진, 선, 미, 성을 추구하기 위해 산다. 그것이 사람이 사는 목적이다.

_〈그분의 말씀을 따라〉 170쪽

그렇다면 김용기 장로가 말한 진, 선, 미, 성이란 무엇입니까?

우리 복민운동에서는 인격문화人格文化의 가치를 다음의 6개 항목으로 나눈다. 학문(진리眞理), 도덕(선善), 예술(미美), 종교(성聖), 신체(건강健康), 생활(부富)…이상의 여섯 가지 가치를 다시 2분하여 진선미성眞善美聖을 목적가치라 하고, 나머지 건강과 부를 수단가치라 한다.

　김용기 장로에 따르면 진선미성은 학문과 도덕과 예술과 종교에 해당합니다. 목적의식이란 학문(진)과 도덕(선)과 예술(미)과 종교(성)를 추구하는 것이며, 그만큼 가치 있는 것들입니다. 따라서 목적의식이란 가치 있는 것들을 의식하며 살아가는 것입니다. 그런데 김용기 장로에 따르면 삶에는 가치 있는 것들이 또 있습니다. 바로 건강과 부富입니다. 건강은 우리 신체를, 부는 생활을 가리킵니다. 건강과 부를 가치 있다고 평가한다는 점에서, 가나안 복민주의가 현실을 외면하지 않는 사상임을 확인할 수 있습니다. 김용기 장로는 가치의 종류를 목적가치와 수단가치로 구분해, 가나안 복민주의의 현실적 태도가 기복 신앙과는 다르다는 점을 잘 보여줍니다.

　의식을 가진 복민은 목적과 수단을 혼동하지 않습니다. 진, 선, 미, 성의 추구는 몸身體과 몸을 살리기 위한 생활 없이는 불가능합니다. 그 둘을 수단으로 해서 목적을 이뤄냅니다. 즉 내 몸과 생활을 수단으로 진리를 탐구합니다. 그런데 이 목적과 수단을 혼동하는 사람이 세상에 너무 많습니다.

　　제법 뭣을 좀 안다는 사람들까지도 사람은 일하기 위해 먹느냐, 먹기 위해 일하느냐고 하면서 곧잘 말씨름들을 하는 것을 보게 된다. 이 혼동을 막기 위해 성경에는 "일하기 싫거든 먹지도 말라"는 말씀이 있고, 나는 "반드시 네 시간씩 일하고 먹자"라는 말을 우리 가정의 생활신조에 넣어 일하기 위해 먹는다는 것을 분명히 하고 있다…이것이 내가 40여 년

동안 직접 실천으로 보여주고 우리 집에다 농군학교를 세워 가르치기도
하는 복민주의 운동이다.

_〈그분의 말씀을 따라〉 171–173쪽

  '가치'의 본질을 설명할 때 가장 중요한 개념은 '목적'과 '수단'입니
다. 가치가 있어 보이지만 실상 목적도 수단도 못 되는 가치라면, 사실
은 가치가 없는 것입니다. 결과적으로 가치를 규정하는 것은 목적과
수단입니다. 물론 가치 없는 목적과 수단이 있습니다. 따라서 가치와
목적과 수단은 서로가 서로를 규정합니다.

  김용기 장로는 진(학문), 선(도덕), 미(예술), 성(종교)의 목적가치에는
우열을 두지 않았습니다. 학문은 학문대로, 종교는 종교대로, 예술이
나 도덕도 각자 나름대로 추구할 가치가 있는 목적이라고 보았지, 결
코 특정한 하나가 나머지를 압도하는 가장 중요한 목적이라고 규정하
지 않았습니다. 농사를 짓더라도 창세기 3장 16절 이하의 말씀에 근거
해, 일하지 않고 먹었던 조상들의 죄에서 돌이켜 속죄를 추구한다면
성이라는 목적가치를, 부단히 기술을 배워 농업생산성을 높이면 진이
라는 목적가치를 추구하는 것입니다.

  그런데 수단과 목적은 동일한 위치에 놓이지 않습니다. 수단이 목적
을 앞설 수는 없습니다. 따라서 수단과 목적의 순서가 가치의 등급을
결정합니다. 아무리 가치가 있어도 '목적이 되어야 할' 가치가 있고,
'수단에 불과한' 가치가 있습니다. 수단가치는 단지 목적가치를 위해
존재할 뿐입니다. 이것이 바로 김용기 장로의 복민주의 사상이 이룩한
결정적 체계입니다.

김용기 장로의 복민주의 사상이 목적가치를 설명하는 데서 그치지 않고 수단가치를 언급하는 것은 이 사상의 본질이 실천에 있음을 반증합니다. 가치 있는 목적을 달성할 수 있는 가치 있는 수단으로 김용기 장로는 건강과 부를 언급합니다. 건강과 부가 무엇인지 그 본질을 자세히 설명할 필요는 없습니다. 가장 큰 문제는 건강과 부에 너무 큰 가치를 부여해 목적과 수단이 바뀌었다는 데 있습니다. 아무리 그 가치가 크다 해도 목적과 수단은 바뀔 수 없습니다. 어떤 가치가 목적과 수단의 위치를 바꾸면 그 가치는 소멸됩니다. 몸과 부를 수단으로 학문이나 예술이나 도덕이나 종교의 목적을 달성하는 것인데, 종교를 수단으로 건강과 부를 추구하면 종교는 성이라는 목적가치를 상실하고 '기복종교'로 전락합니다. 학문을 수단으로 부를 추구하면 학문은 더 이상 진이라는 목적가치를 지니지 못하게 됩니다.

종교에 성이 없고 학문에 진이 없으며 도덕과 예술에 각각 선과 미가 없는 이 시대를 치유하려면, 목적의식을 가지고 목적과 수단의 제 위치를 돌려놓는 것이야말로 유일한 해결책입니다. 그런데 목적의식은 가치 추구로만 끝나지 않습니다.

또 우리의 목적을 어디에 두나? 보다 높은 데 두어야 한다. 최고로 높은 곳에 두어야 한다. 영원보다 더 높은 최고는 없다. 마땅히 그 영원에다 두어야 한다…이 현세에다 최종의 목표를 두는 사람의 사업은 그것으로 끝난다. 영원한 내세에다 최종의 목표를 두는 사람의 사업은 언제까지나 계속된다. 그러므로 목적을 높은 데 두는 사람의 사업은 언제나 시작이며 새로운 것이다. 또 항상 끝이고 계속이다. 언제나 알파요, 오메가이다.

목적은 곧 삶의 목표인데, 그 삶의 목표가 현세의 일이 되어서는 안 된다고 강조합니다. 삶의 목표가 현세의 일이 되는 순간, 현세의 일은 끝이 있기 때문에 그 목적은 영원성을 상실합니다. 김용기 장로의 사상에서 "영원성" 개념은 가장 중요합니다. 영원하지 않은 것은 가치가 없고 영원하지 않은 것은 무의미합니다. 가나안 복민운동이 80년 동안 굳건히 이어온 근거가 바로 이 '영원성'에 있는 것 아닐까요.

6

가나안,
아직 끝나지 않은
개척의 여정

신은 창조하고 인간은 개척한다
창조는 진행형이자 미래형이다

'창조적'이라는 말이 언제부턴가 아예 '창조'라는 말로 바뀌었습니다. 창조 경제, 창조 경영이라는 말을 아무렇지 않게 사용하는 시대입니다. 심지어 정부의 한 부처에는 '미래창조과학부'라는 이름이 붙었습니다. 우리가 경제도 창조하고 미래도 창조하면 좋겠지만 창조에는 책임이 따릅니다. 창조했으면 책임질 수 있어야 합니다. 정부의 한 조직이 미래를 책임질 수 있다고 믿는 사람은 없습니다. 정부 당국자 자신도 믿지 않을 것입니다. 미래 창조는커녕 1초 후의 미래도 알지 못하는 것이 인간입니다. 따라서 '운運'이라 부르든 '섭리攝理'라고 표현하든, 창조는 신에게 맡기는 것이 도리입니다.

인간이 창조할 수는 없지만 창조적일 수는 있습니다. 인간은 무언가를 개척할 때 가장 창조적입니다. 개척이란 없는 것을 만들어내는 창조가 아니라, 내게 없는 것을 구하고 사람들에게 필요한 것을 찾고 새로운 관계의 문을 두드리는 일입니다. 구하고 찾고 두드리는 과정에서 이미 존재했던 것이 새롭게 나타나거나 발견됩니다. 개척은 이 새로운 발견에 가치를 부여하는 일입니다. 그래서 창조적입니다.

그런데 누구를 위해 무엇을 위해 가치를 부여하느냐에 따라 개척은 착취가 되기도 하고 헌신이 되기도 합니다. 식민지 개척은 서구인에게 가치 있는 일이었지만, 아프리카나 아시아인에게는 착취였습니다. 히틀러나 일본 제국주의자의 개척은 자기 민족에게는 가치 있는 일이었지만 다른 민족에게는 끔찍한 재앙이었습니다. 금과 은을 차지하기 위한 포르투갈인의 개척은 잉카와 아즈텍 문명을 말살했습니다. 금광을 찾으려는 미국인의 서부 개척은 인디언의 씨를 말렸습니다. 지금도 오직 '물질'에 가치를 둔 개척이 울창한 삼림을 불태우고 깨끗한 강물을 오염시키고 소중한 동식물을 멸종시키고 있습니다. 이러한 개척은 마침내 중단될 수밖에 없습니다. 개척의 탈을 쓴 착취와 침략과 파괴이기 때문이며, 남을 착취하고 침략하고 파괴하는 것은 결국 자기 자신을 파멸시키기 때문입니다.

가나안농군학교에서 서로 인사할 때는 "개척!" 하고 외칩니다. 가나안 복민주의는 개척에 의한 개척을 위한 개척 정신에서 비롯되었으며 현재도 진행 중입니다. 대한민국 경기도 양주군의 한 마을(봉안 이상촌)에서 시작한 개척은 현재 해외로도 뻗어나가(WCM) 약 80년의 역사를 이어오고 있습니다. 가나안 복민주의의 개척이 지속되고 확장되고 있다는 사실은 이 개척이 착취가 아니라 헌신이며, 침략이 아니라 도움이고, 파괴가 아니라 건설임을 증명합니다. 가나안 복민주의는 개척의 매뉴얼입니다. 개인의 삶을 바꾸는 작은 개척부터 공동체의 삶을 바꾸는 커다란 개척까지, 가나안 복민주의 이념과 의식은 오직 개척을 위해 존재합니다.

신의 창조는 아직 끝나지 않았습니다. "새 하늘과 새 땅"이라는 성경의 표현대로 창조는 여전히 진행 중이며 또한 미래형입니다. 신을 "처음과 나중" 또는 "알파와 오메가"라고 하는 이유도 이 때문입니다. 처음에 창조가 있었고 나중에 또 창조가 있습니다. 더불어 인간의 개척도 끝나지 않았습니다. 미국 서부시대의 개척은 우주시대를 맞은 지금도 여전히 진행 중입니다. 2015년 개봉한 영화 〈마션〉에서 화성에 홀로 남겨진 과학자는 자신의 '생명'을 개척합니다. 없는 것을 만들어내는 것이 아니라 이미 존재하는 모든 재료를 활용해 '농사'를 짓습니다.

"어떤 곳에서 식물을 재배할 수 있으면
그곳을 정복했다고 할 수 있다."

"우주에선 뜻대로 되는 게 아무것도 없다.
무작정 시작해보는 거지."

_영화 〈마션〉 중에서

모든 개척자가 처음부터 창조적이지는 않습니다. 개척에도 배우고 따라 하는 과정이 있습니다. 배움은 이론이고 따라 하기는 실습인 셈이죠. 김용기 장로도 배움과 실습의 과정을 거칩니다. 부친에게 배웠고 농사현장에서 실습했습니다. 그러고는 점점 창조적으로 변해갔습니다. 이념과 의식은 듣고 깨닫는 것이지만 실습은 따라 하는 것입니

다. 가나안 복민주의 따라 하기는 김용기 장로의 개척 여정을 살펴보는 것에서 출발합니다.

개척과 돈

구하라 그리하면 주실 것이요

개척의 첫 단계는 자금 마련입니다. 자금 없는 개척은 신만이 할 수 있습니다. 맨손으로 맨땅에 '헤딩'하는 것은 투지를 시험하는 것일 뿐이지 개척이 아닙니다. 김용기 장로는 이상촌 건설의 꿈을 품은 이후 가장 먼저 자금 마련에 나섭니다. 자금 마련에 거의 4년을 투자했습니다. 그 이후 약 40년이 지나고, 1962년에 설립한 가나안농군학교가 전국적으로 알려지고 환갑을 맞았던 1972년에 또다시 개척을 꿈꾸는데, 그때도 그가 가장 먼저 했던 일은 개척 자금 마련을 위한 궁리였습니다.

나는 그동안 남이 버리다시피 한 황무지를 네 군데나 개간하여 문자 그대로 무에서 유를 내는 방법을 많은 사람들에게 보여주긴 했지만, 그것을 본 사람은 이미 거의 늙었다. 젊은 사람들은 미처 볼 기회가 없었던 것이다. 맨 마지막으로 개간한 가나안 농장이 된지도 20년이 넘었으니 그럴 수밖에 없었다.…그러나 황무지 개간을 착수한다는 것은 그리 용이한 일이 아닌 것이다. 무엇보다 땅을 구입할 최소한도의 자금이 있어야 하고, 다음으로 그걸 개간할 만한 기력이 있어야 하고, 인력이 있어야 하는 것이다.…생각다 못해 광주의 가나안농군학교를 팔까도 생각해보았다. 20년 전에 평당 50전씩인가 주고 버리다시피 한 자갈밭 만 평을 산 것이지만, 그동안 개발하고, 행정구역이 달라지고 하여 팔면 꽤 많은 돈이 잡힐 것도 같았다. 그렇게 버리다시피 한 황무지를 헐값으로 사서 좋은 땅으로 만들어 팔고, 다시 더 넓은 땅을 사서 개발하고 하는 방식이 그동안 내가 취해온 개발 방식이기도 하였으니 말이다.

_〈그분의 말씀을 따라〉 368쪽

평생에 걸친 김용기 장로의 개척사에서 개척자금을 어떻게 마련했는지를 분석하는 것은 가나안 복민주의의 개척을 살필 때 가장 현실에도 와 닿고 또 중요한 일입니다. 근로, 봉사, 희생이라는 가나안 복민주의 이념은 결코 요즘 젊은이들이 '노오력'이라고 비꼬는 갑의 착취 이념이 아닙니다. 그리고 "아프니까 청춘이다"에서 한 걸음 더 나아가 "청춘이면 죽어도 된다"는 식으로 을의 희생을 강요하는 '열정 페이' 이념도 아닙니다. 가나안 복민주의 개척은 오늘날의 '스타트업'과 다를 바 없는 고도의 '사업'입니다.

대출과 소규모 사업

(복민의 자격: ④ 작은 일에도 큰 사건과 같이 충성스럽게 실행하는 인물 ⑨

아무리 낮고 천한 직업이나 노동이라도 부끄러워하지 않고 저열감을 갖지 않고 떳떳이 일할 수 있는 인물)

내가 구상하는 이상촌은 십가촌十家村으로, 약 2만3천 평의 토지가 소요되며, 토지구입비, 개간비, 건설비 등 5천 원의 돈이 있어야만 그 건설이 가능했다. 그때가 마침 중앙선 개설공사가 착공될 때였다. 나는 그 소요되는 돈 5천 원을 그 공사판에 가서 벌려는 계획을 세웠다. 그곳 노동자들을 상대로 장사를 하자는 생각이었다. 장사라는 것이 그에 대한 아무런 경험도 지식도 없이 아무나 할 수 있는 일이 아니라는 것을 모르는 바 아니었으나, 그 무렵 나는 거의 불가능이라는 말을 모르던 때라, 장차 그 성패成敗에 대해서는 별로 부심하지 않고 곧 자금 2백 원을 이자로 빌어 그 공사판 한쪽에다 가게를 차렸다. 한쪽은 잡화상, 한쪽은 이발소의 복식가게였다.…그렇게 하여 그곳에서 나는 혼자서 자취를 해가며 그 철도공사가 끝날 때까지 만 2년 동안 장사를 했다.…그 장사는 비교적 성공을 거두어 빌린 2백 원을 이자까지 갚고도, 3천5백 원의 거액이 손에 잡히게 되었다.

_〈가나안으로 가는 길〉 83~84쪽

이 글에서 1930년대 초의 그러니까 20대 초반의 청년이었던 김용기 장로의 첫 사업 구상과 실행이 엿보입니다. 진술 자체는 단순하지만 중요한 원칙 셋을 확인할 수 있습니다.

첫째, 사업에 필요한 비용을 매우 정확하게 계산했습니다. 개척에 참여할 가구 수, 토지의 규모, 개간 비용, 건설 비용 등을 정확하게 계

191

에덴향 개척 초기

가나안 복민주의 개척은 오늘날의 '스타트업'과 다를 바 없이 치밀하게 준비해 주도면밀하게 실행하는 고도의 '사업'이었다.

산했기에 자신에게 필요한 자금 규모를 정확하게 산출할 수 있었습니다. 그가 필요로 한 자금은 5천 원이었는데, 1931년 당시의 1원은 액면가로 오늘날의 4~5천 원에 해당하므로, 현재 시세로는 약 2천5백만 원에 가깝습니다. 하지만 물가 차이를 고려해야 합니다. 당시 경성제국대학 1년 등록금이 120원이었고(오늘날 액면가로 약 70만 원), 오늘날 대학 등록금이 약 1천만 원에 육박하는 현실을 감안하면, 실제로는 약 2억 5천만 원의 자금이 필요했던 셈입니다.

둘째, 무모한 계획을 피하고 단계적인 계획을 수립했습니다. 김용기 장로는 현 시세로 약 2억 5천만 원의 자금을 단번에 마련하려 들지 않았습니다. 그의 최종 목표는 '이상촌 건설'이었지만 우선 자신이 감당할 수 있는 작은 규모로 사업을 시작했습니다. 그래서 공사판에 간이 이발소를 겸한 잡화점을 차리기로 합니다. 소요 자금으로 2백 원, 오늘날 액면가로는 약 1백만 원, 물가를 감안한 시세로는 1천만 원이 필요했습니다. 오늘날에도 이 정도 자금은 대출로 충당할 수 있습니다. IMF 이후 명예퇴직 하신 분들이 치킨 집과 분식집을 여는 비용이 대략 이 정도였습니다. 목표에 도달하는 방법을 단계별로 나눠서 가장 작은 데서부터 시작하는 것이 '스타트업'의 핵심인데, 김용기 장로는 1930년대에 이미 이 원칙을 적용했습니다.

셋째, 소규모 사업도 결코 소홀히 하지 않았습니다. 2백 원을 대출받아 철도 건설 현장에서 가게를 열어 운영하는 것은 최종 목표를 위한 임시방편일 뿐이었습니다. 그럼에도 불구하고 그는 평생 사업처럼 전략적으로 접근했고 심혈을 기울었습니다. 그 증거는 그가 제시하는 장사방법의 요점에 잘 나타납니다.

① 먼저 가게를 차리는 여건으로 무엇보다 자기 소질에 맞는 장사를 선택해야 한다.

② 교통이 편리하고 사람이 많이 사는 곳에 가게 장소를 정해야 한다.

③ 장사의 내용에 맞는 상호간판을 붙여야 한다.

④ 가게 건물에 비해 물건이 적게 보이지 않게 한다.

⑤ 안과 밖에 물건을 같은 비율로 진열해야 한다.

⑥ 상품에는 반드시 가격표를 붙이되 공장가격, 도매가격, 운임비, 판매가격 등을 써 붙인다.

⑦ 손님이 두 번 이상 찾아오면 반드시 주소나 집의 약도를 적어 둔다.

⑧ 세 번 이상 찾아올 경우에는 사 가지고 간 물건 액수를 적어 둔다.

⑨ 다른 가게에서 사 들고 온 물건도 우리 가게에서 산 것과 함께 들고 가기 좋게 포장해준다.

⑩ 사지 않고 그대로 가는 손님에게도 친절하게 인사를 한다.

⑪ 여름철에는 얼음물, 겨울철에는 하부차를 끓여놓고 한 잔씩 대접한다. 그리고 하부차의 경우, 그 영양가표를 잘 보이는 곳에 써 붙인다.

⑫ 손님이 보는 앞에서 점원끼리 싸움을 해서는 안 된다.

⑬ 외상은 절대 사절한다. 형제, 교회목사 등의 경우에는 돈을 꾸어주고 사게 한다.

⑭ 가게 문은 되도록 일찍 열고 일정한 시간에 일찍 닫는다.

⑮ 매월 그믐날에는 1개월간의 수지계산을 하여 그 이익의 10분의 1을 교회나 공익사업에 헌납한다.

⑯ 연 2회(1월 1일, 8월 15일), 단골손님 집에 이익의 100분의 1 정도로 선물을 한다.

⑰ 돈이 잘 벌린다고 사치나 교만은 금물이다.

⑱ 연말에는 1년간의 수지계산을 하고 신년계획을 수립하며 밤새워 기도한다.

_《가나안으로 가는 길》 85–86쪽

본인의 적성 판단, 사업장의 입지 조건, 간판, 상품 진열, 가격표시, 고객관리, 직원교육, 회계처리, 사회적 기여 등을 총 망라한 위의 내용은 거의 MBA 과정에 버금가는 내용입니다. 특히 돈을 꿔주고 구매하도록 할지언정 외상은 사절한다는 항목이나, 연 2회 수익의 100분의 1 수준에서 단골에게 선물한다는 항목은 현대의 신용카드 사용과 포인

트 적립을 떠올리게 합니다. 장사는 그의 최종 목표가 아니었습니다. 그럼에도 불구하고 그는 전념했고 그래서 성공했습니다.

파생상품 투자 실패와 '엔젤 투자자' 유치

(복민의 자격 ⑩ 일을 하다가 실패를 거듭해도 불평과 낙망을 하지 않고 씩씩하게 기쁜 마음으로 인내할 수 있는 인물 ① 한마디 말이 약속어음으로 대응되는 인물)

나의 이상촌 건설의 꿈은 광산의 실패로 완전히 허사가 되고 장사의 기간까지 합하여 3년 6개월 전의 원점으로 돌아가버렸다.…개간을 하면 얼마든지 훌륭한 농토가 되고, 그 위에 이상촌을 건설할 수 있는 산야山野들이 마을 안에서만도 얼마든지 있었고, 불과 몇 푼만 주어도 수중에 넣을 수 있는 것들이었지만, 그거나마 단 한 평도 살 돈이 없으니 안타까울 수밖에 없었다.…나는 생각다 못하여, 그때 광주 소성이라는 곳에 돈놀이를 하는 사람이 있다는 소식을 듣고 아무의 소개도 없이 무턱대고 그를 찾아갔다. 아무런 담보물도 없이 누구의 소개도 없이 다만 나의 신분만을 밝히고 돈 4백 원만 꾸어줄 것을 요구하자, 주인은 기가 차다는 듯, 나를 빤히 쳐다보다가 이렇게 말했다. "대체 담보물이 없는 당신을 어떻게 믿고 돈을 꾸어주겠느냐?" 그 말에 대해 나는 이렇게 말했다. "담보물이 먼저요, 사람이 먼저요? 아무리 담보물을 갖다 맡겨도 내가 죽으면 그만 아니요? 나의 이 젊은 몸뚱이 이상의 담보물이 어디에 있단 말이요? 만약의 경우, 내가 사업에 실패를 한다면 당신은 단지 나에게 빌어 준 돈만 떼일 뿐이지만, 나는 그대로 망하는 것이 아니겠소?" 나의 이 말을 어떻게 알아들었던지 주인은 나를 한참이나 바라보다가는, "내가 돈놀이를 수년 동안을 해왔지만, 당신 같은 사람은 처음 보았소. 당신이 말한 돈을 줄 테니 아무쪼록 성공하도록 노력하시오." 하고는 돈 4백 원을 내어주었다.

_《가나안으로 가는 길》 88–89쪽

장사에는 성공했지만 궁극적 사업인 이상촌 개척에는 착수하지 못했습니다. 2년 동안 벌어들인 돈 3천5백 원(오늘날 가치로 1억 7천만 원 정도)을 금광에 투자했다가 고스란히 날렸기 때문입니다. 그 당시의 금광은 오늘날 금융시장의 파생상품처럼 성공한 사업가를 한순간에 파멸시켰습니다. 이 경험은 개척자에게 평생의 반면교사가 되었는데, 더 중요한 사실은 오늘날의 성공한 '스타트업' 창업자들 가운데 이런 실패를 경험해보지 않은 사람은 거의 없다는 점입니다.

가나안 복민주의의 '개척'을 오늘날의 '창업'이라고 하면, 실패를 겪지 않는 것이 창업의 성공이 아니라 실패를 극복하는 것이 창업의 성공임을 김용기 장로는 이미 그때 보여준 셈입니다. 하지만 두 번째는 대출이나 장사를 통해서가 아니라, 사업의 비전을 분명히 제시해 '엔젤 투자자angel investor'를 유치했습니다. 예나 지금이나 자본이 부족한 창업자가 믿을 구석은 자신의 사업 가치를 인정해줄 투자자뿐입니다. 투자자의 마음을 움직이는 힘은 프레젠테이션이나 언변이 아니라 진정성에 달려 있습니다.

진정성은 자신이 구상한 사업을 제 궤도에 올리려는 치밀하고도 구

가나안농군학교 원주 복민관 기공식

실패를 딛고 일어선 김용기 장로는 그 경험을 밑천으로 더욱 개척에 전력을 다한다. 그를 통해 성공은 실패를 겪지 않는 것이 아니라 실패를 극복하는 것임을 더 분명히 알게 된다.

체적인 계획에서 나옵니다. 주먹구구식 막연한 환상으로는 진정성을 획득하기 어렵습니다. 김용기 장로가 돈놀이 하는 사람을 '엔젤 투자자'로 유치한 힘이 단지 앞선 대화의 말로만 이루어졌다고 생각하면 오산입니다.

　2년 만에 투자금 2백 원으로 3천5백 원(1천퍼센트 이상의 수익률)을 벌어들인 그의 경력이 담보물이었고, 이상촌 건설 사업이 처음부터 '포트폴리오'에 있었으며, 금광 투자 실패는 사기극에 속은 것이었기 때문에, 돈놀이의 달인도 담보 없이 선뜻 4백 원을 제공한 것입니다. 이토록 개척 준비는 치밀하고 구체적이었습니다. 인간적이고 감성적으로 접근해 동정을 유발하는 모금은 개척을 위한 투자 유치가 아닙니다.

현장 기술 확보와 성공적인 '스타트업' 매각

(복민의 자격 ⑦ 좋은 기회를 놓치지 않고 기회를 민첩하게 붙들어 자기가 할 일을 유감없이 행하는 인물)

나는 거듭 감사를 하고 그 돈 중에서 90원으로 마을 너머의 산 3천 평을 평당 3전씩 주고 샀다. 이름이 산일 뿐 잡목도 제대로 자라지 못하는 형편없는 땅이었다. 나머지 돈을 과목대果木代, 간작용 종자, 비료대, 식량대 등으로 남기고 우선 나는 아내와 함께 개간에 착수했다.…개간한 자리에는 차례로 과목을 심고 고구마를 간작했다. 의외에도 간작한 고구마는 개간 첫해부터 대풍이 들어 무려 40가마니를 생산했다…그 일을 나는 3년이나 계속했다. 그동안 과목들은 과목들대로 자라 나왔으니 훌륭한 과수원일 뿐 아니라 고구마 생산 밭이 되었다. 그러나 그 땅은 너무 협착하여 장차 세울 이상향의 자리로 발전시키기에는 적합하지 못하였다. 그래 다른 적지를 모색하던 중 마침내 한 자리가 나타났다. 그 적지를 매입하는 데 드는 자금 걱정까지도 할 필요가 없게 되었다. 그것은 우리 부부가 개간한 과수원이 그만한 돈으로 팔리게 되었기 때문이었다. 평당 3전씩의 토박하여 쓸모없었던 그 산야는 우리 부부의 손에 의해 마침내 비옥이 농장이 되었으며, 그 값은 3년 전에 매입한 값보다 10배도 넘는 1천2백 원이었으니 참으로 놀라운 일이었다.

_《가나안으로 가는 길》 91–92쪽

'스타트업'(개간지) 매각은 개척자에게 기회입니다. 자금 부족으로 겪었던 설움을 모두 만회하고도 남을 만큼 충분한 자금을 확보합니다. 그런데 개간 사업에는 성공했지만 애초에 목표로 삼았던 5천 원에는 못 미쳤기에 실패한 셈입니다. 장사를 했을 때는 2년 만에 3천5백 원을 모았지만, 3년을 투자한 개간 사업으로는 겨우 1천2백 원을 마련했기 때문입니다. 게다가 빌린 돈 4백 원을 갚고 나면 8백 원밖에 남지 않게 됩니다. 그럼에도 불구하고 김용기 장로의 스타트업(개간지) 매각을 성공이라 평가하는 이유는 개간 사업을 통해 자금만큼이나 중요한 '노하우', 기술을 확보했기 때문입니다.

> 비록 3년 동안의 경험이었지만, 그동안의 경험은 나에게 개간농장의 경영법을 거의 통달할 만큼 터득시켜주어, 그곳의 개간을 비롯하여 오늘에 이르기까지 무려 다섯 군데나 직접 내 손으로 황무지 개간을 했다. 앞으로도 그 일을 계속하겠지만, 그때 얻은 경험을 그대로 반복하면 과히 실패가 없었으므로 여기에 나의 그 황무지 개척, 농장경영법을 소개하기로 한다.
>
> _《가나안으로 가는 길》 92쪽

'돈'이라는 유형의 자금은 목표액에 미달했지만 '기술'이라는 무형의 자산을 확보한 셈입니다. 사실 창업이나 개척에서 돈은 일종의 마중물 역할이며, 끊임없이 계속 솟아나야 하는 것은 기술입니다. 물론 기술을 완벽하게 갖추고 자금을 확보하는 것이 가장 이상적이지만, 현장에서 검증되지 않은 기술은 절대로 완벽할 수 없습니다. 늘 변수가 있기 때문입니다. 따라서 3년에 걸친 황무지의 개간 경험을 통해 "개간농장의 경영법을 거의 통달할 만큼" 터득했다는 사실은 이상촌 건설이라는 궁극적 사업에 쓰일 핵심 기술을 확보했다는 뜻이며, 이는 목표액 5천 원 이상의 가치를 지닙니다.

지분 참여 파트너들에 의한 이상촌 설립

(복민의 자격 ⑤ 자기 개인을 위한 야심이 아니고 인류와 사회와 남을 위하여 큰 포부로써 봉사하려는 마음이 불타는 인물)

나는 그 빚을 갚고 남은 돈 8백 원으로, 미리 보아 두었던 마을 앞의 산야 4천1백 평을 우선 사서 개간에 착수하는 한편, 그곳을 장차 이상촌으로 건설할 목적으로 나의 뜻에 동조하는 동지들을 불러들였다. 먼저 나의 형제들이 나의 뜻에 동조하여 그곳으로 오게 된 것은 지극히 다행한 일이었으며, 앞에서도 말했듯이 처음에는 나를 비난하던 마을 사람들이 이제는 나를 칭찬하게 되어 그들 중에서도 나의 뜻에 동조하는 사람들이 많았다. 날이 감에 따라 점점 소문이 퍼져 인근 면, 군, 심지어 서울, 만주 등지에서까지 함께 살기를 원하여 모여든 사람들이 있었다. 그러나 나는 무진장으로 사람을 받아들일 수는 없었다. 각 호당 최저 5천 평의 경작 토지가 필요하다.…그리하여 마을의 이상理想 호구수를 10가호로서 정하고 그 이상은 받아들이지 않기로 하였다.

_《가나안으로 가는 길》 97-98쪽

드디어 1936년부터 1950년까지 무려 15년에 걸쳐 '조선의 덴마크'

라고 불린 봉안 이상촌을 일궈냅니다. 경기도 양주군의 봉안 이상촌을 1948년에 방문해 그 실상을 자세히 글로 남긴 이일선 목사가 참조한 자료에 따르면, 1936년에 봉안 이상촌은 농지와 밭을 합해 19,500평을 확보하고 있었습니다. 하지만 김용기 장로가 위에서 언급했듯이 그의 자금으로 확보한 토지는 4,100평에 불과했습니다. 따라서 나머지 토지는 그가 불러 모은 동지들이 각각 확보한 토지였습니다. 1945년에는 임야를 과수원으로 개간한 토지까지 합해서 마을 전체 토지가 65,972평으로 확장되었습니다.

김용기 장로는 목표 금액을 모으지 못했지만, 대신 지분 파트너들(동지들)을 확보해 그가 계획했던 이상촌 개척 사업을 성공 모델로 만듭니다. 김용기 장로에서 시작한 가나안 복민주의의 공동체 개념은 단

일생의 반려자
김봉희 여사는 김용기 장로와 함께 가나안농군학교의 희노애락을 함께했다.

순히 '모이는 것'이 아니라 '참여하는 것'입니다. 참여는 몸만이 아니라 마음이 같이 와야 합니다. 그러고 보면 "네 보물 있는 그 곳에는 네 마음도 있느니라"는 말은 틀림이 없습니다. 마음은 생각이 아니라 경제적 참여이며 지분입니다. 15년이라는 긴 세월 동안 이 공동체가 유지될 수 있었던 힘은 공동체 구성원 전체의 지분 참여였습니다.

개척자의 돈과 일

(복민의 자격 ② 의지가 돌같이 굳고 무거워서 작은 일에나 큰일에나 마음이 요동치 않는 인물)

> 그러므로 염려하여 이르기를 무엇을 먹을까 무엇을 마실까 무엇을 입을까 하지 말라. 먼저 그의 나라와 그의 의를 구하라. 그리하면 이 모든 것을 너희에게 더하시리라(마 6:31, 33).

개척이나 창업이 적어도 '무엇을 먹을까'에 몰두한 일은 분명 아닙니다. 미국 실리콘밸리의 성공한 창업자들이 사업 초창기에 차고나 보잘것없는 환경에서 끼니를 거르며 자신의 일에 몰두했다는 사실은 널리 알려져 있습니다. '무엇을 먹을지, 무엇을 마실지'에 관심을 두었다면, 차라리 식당이나 다른 아르바이트 자리를 찾는 것이 더 낫지 않았을까요? 먹기 위해 사는 것이라면 끼니를 거르면서까지 해야 하는 일이 무슨 의미가 있을까요? 물론 돈은 반드시 필요합니다. 하지만 이들의 목표는 돈이 아니라 일이었습니다. 돈을 위해 일하는 대신 일을 위해 돈을 벌었습니다. 돈을 위해 일하면, 돈이 안 벌릴 때는 더 이상 일할 이유가 사라지고, 돈이 많이 벌릴 때는 더 이상 일할 필요가 없어집니다. 어쨌든 일은 중단됩니다. 일이 중단되면 결국 돈도 떨어집니다. 반면 일을 위해 돈을 벌면, 돈이 안 벌릴 때 더 열심히 일을 하게 되고, 돈이 벌릴 때 일을 더 재밌게 계속하게 됩니다. 어쨌든 일은 계속됩니다. 일이 계속되면 결국 돈을 벌게 됩니다.

개척과 기술

찾으라 그리하면 찾아낼 것이요

시대의 등불 – '매뉴얼'이 있는 개척

⑥ 개간 진행일정

8월: 잡초를 베어버린다.

9월: 임목벌채. 벌채 방법은 나무를 베지 않고 세운 채로 뿌리를 팽이로 캐낸다.

10월: 캐낸 나무는 용도에 따라 잘라 처리한다.

11월: 굴곡이 심한 저지를 메워 정지한다.

12월: 과수 묘목 구입의 예약, 농약, 축산종자, 농구 구입 준비.

12월 31일: 밤새워 기도한다.

1월: 연중 작업 진행표, 월중 작업 진행표, 가계부 작성.

2월 1-5일: 친족 친지 방문.

2월 6-15일: 살찐 염소 구입, 철야 곰국을 끓인다.…1주일 동안 한 끼에

한 대접씩 먹으며, 일하지 않고 휴식한다.

3월 1일: 개간 착수. 개간도구 일체를 리어카에 싣고 다닌다. 남비와 트랜지스터가 포함되며, 남비는 양젖을 끓이기 위한 것이고, 트랜지스터는 휴식 때에 듣기 위해서이다. 개간은 저지대로부터 고지대로 차츰 해 올라간다. 1일 1인당 1백 평 정도 개간한다. 1개월간으로 개간은 그친다. 그 이상 하면 비용과 품이 많이 들고 육체가 너무 피로해진다.

4월: 과수식부, 농작물 파종, 과수식부는 10일까지 하고, 농작물 파종은 종류에 다라 조만을 분간해 한다.

5-8월: 과수농작물 관리, 제초, 소독, 시비 등을 철저히 한다.

⑧ 농장건설 순차

1차: 길 닦기(외부의 통로로부터 농장 중심까지)

2차: 우물 파기

3차: 변소 건조

4차: 주택 건조

5차: 축산장 건조

_《가나안으로 가는 길》 93~94쪽

김용기 장로가 설명하는 황무지 개척 '노하우'를 살펴보면, 개척은 단순 노동이 아니라 기술 집약적 사업입니다. 물론 맨손에 삽과 괭이로 개간하던 그때와 달리 지금은 각종 장비를 동원할 수 있으므로 그의 노하우 가운데 적용할 수 없는 것들도 있습니다. 하지만 '매뉴얼'이 있었다는 사실만으로도 큰 의미가 있습니다. 매뉴얼은 ① 개간지의 위치 ② 개간지의 지형 ③ 지질의 선택 ④ 지질 감별법 ⑤ 구입 평수 ⑥ 개간 진행 일정 ⑦ 자금 사용계획 ⑧ 농장건설 순차 ⑨ 수지결산의 계획 ⑩ 기타 주의 사항 등으로 구성돼 있는데, 위에 언급한 개간 진행 일정, 농장건설 순차 등을 참조하면 김용기 장로의 개간이 얼마나 기술적으로 이루어졌는지를 알 수 있습니다. 노하우는 누구나 있습니다. 평생을 농사지은 사람들은 김용기 장로보다 더 많은 노하우가 있겠죠. 그러나 노하우가 아무리 많아도 그것을 매뉴얼로 만드는 일은 아무나 못합니다. 다른 사람을 생각하고 미래를 염두에 두는 사람만이 할 수 있는 일이죠. 가나안 복민주의 개척은 개간이지만, 개간이 곧 가나안 복민주의 개척은 아닙니다. 가나안 복민주의 개척은 개간과 함께 매뉴얼을 만드는 과정이었습니다.

지식의 채찍 – '매뉴얼'은 기억이 아니라 기록이다

김용기 장로가 얼마나 기술을 중요하게 여겼는지는 그의 가훈에서도 잘 나타납니다.

① 근로 ② 봉사 ③ 희생 ④ 기술 ⑤ 자립
_《참 살길 여기 있다》 174쪽

근로, 봉사, 희생은 가나안 복민주의 이념으로 발전하는데, '기술'이 세 이념과 함께 있다는 사실에 주목해야 합니다. 더 자세한 설명은 없지만, 가훈의 궁극적 목표는 자립이며 그 자립을 이루는 방법이 세 이

넘과 기술임을 알 수 있습니다. 가나안 복민주의가 바라는 개척은 이념만으로 이루어지지 않습니다. 늘 기술이 함께합니다. 기술 없는 이념은 자립이 불가능합니다. 그런데 이런 기술은 철저히 현장 경험을 통해 습득됩니다. 현장에서 맛보는 실패조차 기술을 습득하는 과정이므로 현장 경험은 그 자체로 가치가 큽니다. 가나안 복민주의의 기술 습득 과정은 단순합니다. 일단 시작하는 것입니다. 시작이 반이기 때문이죠. 나머지 절반은 경험으로 채워지게 됩니다. 그리고 이를 기록합니다. 기록되지 않은 기술은 '매뉴얼'로 남지 않습니다. 단순 노동자들이 일을 끝내고 술 마시고 취하는 이유는 고통스럽고 힘들었던 일을 기록은커녕 기억조차 하기 싫어서입니다. 성경도 술의 용도를 그렇게 설명합니다.

> 독주는 죽게 된 자에게,
> 포도주는 마음에 근심하는 자에게 줄지어다.
> 그는 마시고 자신의 빈궁한 것을 잊어버리겠고
> 다시 자기의 고통을 기억하지 아니하리라(잠 31:6-7).

개척자는 취하지 않습니다. 늘 깨어 있습니다. 잊지 않습니다. 고통스러웠던 일도, 힘들었던 경험도 개척자는 기억합니다. 그리고 기록합니다. 김용기 장로는 끊임없이 개척하고, 틈만 나면 강연하고, 쉬지 않고 기록했습니다. 그렇게 평생 열 권의 책을 남겼습니다. 그의 개척은 기록이 되었고 '매뉴얼'이 되었고 사상이 되었습니다.

해마다 마을 전체에서 생산하는 고구마가 2백여 가마니나 되었다. 그것만으로도 미곡이나, 맥곡이 흉작이 된다 해도 식량으로 충분히 대용할수가 있었다. 그런데, 한 가지 곤란한 조건은 그것의 장기저장이 곤란하여 1년 내내 두고 식량으로 할 수가 없는 점이었다. 그리하여 나는 그 저장법을 연구하기 시작했다. 그러나 그 연구란 결코 간단한 것이 아니어서 숱한 고구마만 썩히고 번번이 실패로 돌아가곤 했다. 3년간 무려 1백20가마니의 고구마를 썩히고 4년 만에야 비로소 성공하였다. 그것은 지하저장법으로서 만 1년 동안 보장되었으며, 새 고구마를 수확하여 교환저장할 때까지 유지되었다. 1년 내내 수시로 꺼내어 먹을 수가 있어 아무리 많은 양을 수확해도 하등의 걱정을 않게 되었다. 이 방법은 일찍이 우리나라나 일본에서는 연구하지 못했던 방법으로서 겨울 동안 저장은 가능하나 1년간 저장은 이것이 처음이었다. 당시 경기도 농민훈련도장 장으로 있었던 일본인 다께다라는 사람은 고구마에 대해 권위자라는 것을 자타가 공인하는 자인데, 1년간 저장법에 성공하였다는 말을 듣고 믿어지지 않는다고 코웃음을 쳤었다. 그런데 어느 날, 그가 실지로 와서 햇고구마가 아닌 묵은 고구마 약 5가마니가량이 하나도 썩지도 상하지도 않고 완전히 저장되어 있는 것을 보고 무색하여 돌아가서는 80여 명의 훈련생들을 데리고 와서 실지교육을 받고 간 일도 있었다.

_《가나안으로 가는 길》 99쪽

저장 기술을 찾으려고 3년간 고구마 1백20가마니를 썩힌 데서 기술 습득의 세 가지 요소를 찾을 수 있습니다.

첫째, 반복 또 반복. 여기서 반복은 실패의 반복입니다. 알고 있는 기술을 숙달하기 위한 반복은 실패의 반복이 아니겠지만, 모르는 기술을 발견하기 위해 반복하는 것은 실패의 반복일 수밖에 없습니다. 이미 성공한 일을 반복하는 것도 사람을 지치게 만드는데, 실패를 반복하는 일은 더욱 힘듭니다. 인류의 위대한 기술이 발견되기까지는 이처럼 무수한 실패의 반복이 있었습니다. 실패를 두려워하면 새로운 기술은 시도조차 될 수 없습니다. 그리고 실패가 누적되지 않으면 새로운 기술은 태어나지 않습니다.

둘째, 투자 또 투자. 위의 사건은 일제 강점기의 절정인 1930년대 이야기입니다. 당시 대다수 민중은 그야말로 끼니 해결이 삶의 목표였습니다. 그런 때에 고구마 1백20가마니를 썩혀서 버리다니, 이는 막대한 투자입니다. 당장 먹을 것이 아쉬워 고구마 몇 개로만 시험했다면 이런 성과를 거두지 못했을 것입니다. 연구개발 투자는 큰 회사나 연구소만 하는 것이 아닙니다. 황무지에서 삽과 괭이로 땅을 파는 개인에게도 적용됩니다. 김용기 장로의 황무지 개척 매뉴얼에는 '자금 사용계획' 항목이 있는데, 여기에는 3년간의 도서구입비가 포함돼 있습니다.

셋째, 확신 또 확신. 기술 개발이 가능하다고 확신했기에 수없는 실패를 반복하고 막대한 투자를 감수했습니다. 이런 확신은 한두 번으로는 충분치 않습니다. 처음의 확신이 나중에 슬그머니 사라지는 경우가 얼마나 많습니까? 단순한 확신이 아니라 꾸준한 확신이 필요합니다. 일시적 확신은 인간이 할 수 있는 일이지만, 끊임없는 확신은 인간의 힘을 넘어섭니다. 종교적이며 신앙입니다. 사적 유익을 도모하는 기복 신앙이 아니라 조물주에 대한 신뢰와 동료에 대한 사명에서 비롯한 거룩한 신앙입니다. 이 신앙은 기도의 힘에서 나옵니다. 3년 동안 고구마 1백20가마니를 썩히면서 김용기 장로는 끊임없이 기도했을 것입니다. 기도 중에 환상을 보거나 꿈에 계시를 받아 고구마 저장법을 발견했다면, 김용기 장로는 개척을 뒤로 한 채 전문 종교인이 되었겠죠. 그가 전문 종교인이 되지 않고 죽을 때까지 개척에 전념한 것을 보면, 그의 기도는 확신을 지속시키는 힘으로만 작용한 것 같습니다.

역사의 동상 – 혁신

고구마의 가장 큰 단점은 저장하기 어려운 데 있다고 이미 조선시대 문헌도 지적하고 있습니다.

> 모든 심는 작물 중에 줄기가 쉽게 덩굴져 뻗어나가 이처럼 나누어 심기에 쉬운 것이 없고 이처럼 많이 심기에 쉬운 것이 없으며 이처럼 수확이 많은 것도 없고 이처럼 맛이 단 것이 없으며 이처럼 상하기 쉬운 것도 없고, 이처럼 저장하기 어려운 것도 없다. 또 이처럼 그 성질이 얼면 상하고 습하면 역시 상하는 것도 없다.
>
> _유중림, 《증보산림경제》(1766년)

오늘날 온도 조절 기술로는 고구마 저장이 별로 어렵지 않겠지만, 1930년대 식민지 조선은 1700년대 조선보다 더 나은 것이 없었습니

고구마 저장고

조선시대 문헌까지 고구마는 저장하기 어렵다며 가장 큰 단점으로 꼽았다. 김용기 장로는 2백 년간 이어져 온 고정관념에 도전해 고구마를 12개월간 저장하는 기술을 개발한다. 이처럼 개척은 기술 혁신이며 역사 에 대한 도전이다.

다. 고구마는 저장하기 어렵다고 이미 2백 년 동안 기정사실로 굳어져 있었습니다. 따라서 고구마 저장 기술에 도전한 것은 2백 년간 이어져 온 고정관념에 도전한 셈입니다. 2백 년 동안 아무도 하지 못한 일에 도전장을 던진 것입니다. 이처럼 기술 혁신은 현재와의 싸움일 뿐 아 니라 역사에 대한 도전입니다. 그래서 기술 혁신은 개척입니다. 둘 다 아무도 하지 않았던 일이기 때문이죠.

개척과 사람

문을 두드리라 그리하면 열릴 것이니

사람의 마음을 여는 것도 개척이다

서비스 산업과 감정노동 비중이 커지는 요즘, 사람 마음을 여는 것이 황무지 개척보다 더 중요해졌습니다. 김용기 장로의 황무지 개척 '노하우'에는 다음 같은 주의 사항이 있습니다.

- 되도록 말을 적게 해야 한다.
- 지방 사람들에게 학벌이나 부富를 내세우지 말아야 한다.
- 개간지에 무슨 농장건설지 운운하는 간판이나 푯말을 붙여서는 안 된다.
- 누구에게나 친절히 해야 한다.

_《가나안으로 가는 길》 95쪽

개척의 대상은 황무지만이 아닙니다. 궁극적으로는 사람입니다. 자금과 기술이 있어도 사람이 없으면 개척은 불가능합니다. 그래서 개척 '매뉴얼'에는 땅을 개간하는 방법뿐만 아니라 사람 마음을 얻는 방법까지 들어가 있습니다. 물론 모든 땅을 개간할 수 없듯이 모든 사람의 마음을 얻을 수는 없습니다. 두드려야 할 문과 두드리지 말아야 할 문을 구별하는 일도 때로는 필요합니다. 닫힌 문과 완전히 폐쇄된 문은 다릅니다. 완전히 폐쇄된 문은 두드릴 필요가 없겠죠. 하지만 지금은 잠겨있어도 열릴 문이라면 두드려야 합니다. 땅을 얻었는데 사람을 얻지 못하면 개척은 실패하기 마련입니다.

마음 문을 여는 조건

1952년 3월 나는 경기도 용인 사는 정홍섭 씨의 소개로 용인군 원삼면 사암리에서 버려진 6만 평의 황무지를 알게 되었다.… 그러나 당시 내 수중에는 그 넓은 땅을 구입할 만한 자금이 없었다. 생각다 못한 나는 강태국 목사님을 찾아가 상의했다…내 설명을 듣고 난 강 목사님은 기꺼이 거금을 내놓았다. 그러니까, 1952년―내가 세 번째로 시작했던 '에덴향' 개척은 강 목사님, 한에녹 장로님, 그리고 나―이렇게 셋이서 공동 투자했던 것이다. 한에녹 장로님은 상해 임시정부의 재정부장을 지내셨던 한진교 선생이다. 이렇듯 내가 신개척지를 향해 떠나자 여운혁, 표광렬, 박승복 등 40여 명의 청년 동지들이 나를 따라 나섰다…개척지 어디서나 마찬가지로 우리의 삽과 괭이가 지나간 자리에서 곡식과 과일과 각종 열매가 거둬졌다. 그러나 애석한 것은 이렇게 피땀 흘려 개척해

놓은 '에덴향'을 나 스스로 물러나야만 했던 일이다. 내가 스스로 물러나게 된 데는 함께 '에덴향' 건설에 투자했던 한에녹 장로님의 조언이 컸음을 밝혀둔다. 한 장로님은 '에덴향' 문제가 신앙인으로서 덕이 되지 않을 사태에 이르게 비화되자 내게 이렇게 말했다. "옳고 그른 심판은 하나님이 하실 일이다. 그리고 지는 자가 이기는 자다. 그러니 모든 것을 포기하고 새로운 개척지를 찾아 이곳을 나가자!" 사실 말이 쉽지 3년간 온갖 고생을 다해 개척해놓은 6만평의 땅을 버리고 빈주먹으로 돌아선다는 건, 욕심 가진 인간으로서 그리 용이한 일이 아니다.

_〈나의 한길 60년〉 111~127쪽

　'용인 에덴향'은 김용기 장로의 개척사에서 절반의 성공과 절반의 실패로 남은 현장입니다. 3년 만에 황무지 6만 평을 옥토로 개간했으니 성공이라 말할 수 있지만, 그 땅을 포기할 수밖에 없었으니 실패이기도 했습니다. 봉안 이상촌과 비교하면, 황무지 개척에 성공했다는 점은 같지만, 공동체가 유지되지 못했다는 점에서는 차이가 납니다. 복민주의 개척의 궁극적 목표는 개척 자체가 아니라 공동체 건설이기 때문에, '용인 에덴향'의 부분적 실패는 반면교사로 삼을 만합니다.

　용인 에덴향을 포기한 이유는 많았지만, 가장 근본적인 이유는 공동 투자자였던 강태국 목사와의 견해 차이였습니다. 견해차는 어디서나 있는 일이지만 결별로까지 이어진 데는 두 사람의 관계가 결정적으로 작용했습니다. 앞서 적은대로 투자자는 강태국 목사, 한에녹 장로, 김용기 장로 셋이지만, 목회자인 강태국 목사는 개척의 현장에 직접 참여하지 않았습니다. 투자자 자격이었지만 엄밀히 말하면 그는 김용기 장로에게 투자한 것이 아니었습니다. 토지에 투자했을 뿐입니다. 그러니 강태국 목사는 몸도 마음도 김용기 장로와 함께 하지 않는 상황이었습니다. 그러면서 강태국 목사와 김용기 장로는 서로 뜻을 달리하게됩니다.

결론은 간단합니다. 몸으로 개간에 동참했거나 서로 마음을 나누었다면, 처음에는 달랐던 뜻도 나중에는 통하지 않았을까요? 인간관계에서 몸과 마음과 뜻, 셋 중에 하나라도 비면 문은 열리지 않습니다. 그 상황에서 개척은 불가능해집니다.

권력자의 마음은 하늘에 맡겨라

몽양이 나의 집으로 피난살이를 왔던 얼마 후의 일이었다. 난데없이 정무총감 엔도가 '봉안 이상촌'에 나타났다. 정무총감이라면 오늘날의 국무총리와 같은 직위이다. 하물며 식민지를 다스리며 한 민족 위에 군림해 오던 총독부의 제2인자이다. 엔도가 우리 봉안 마을에 나타난 건 두말할 것 없이 몽양 선생을 만나기 위함이었다. 그러나 엔도는 '모범 이상촌' 시찰이라는 핑계를 걸고 우리 마을에 나타났다.…몽양과의 단독 회담을 마치고 나온 엔도는 이상촌 이 구석 저 구석을 샅샅이 시찰했다. 그리고는 마침 점심때라 우리 이상촌에서 차린 식탁 앞에 수행원들과 함께 둘러앉았다. 이날 점심 식사에 나는 우리가 평소 먹는 대로 1인당 삶은 고구마 1개, 빵 2개, 양젖 1컵, 옥수수 1통으로 상을 차리게 했다.…그러나 엔도는 언짢은 기색을 조금도 내색치 않고 껄껄 웃으며 이렇게 말했다. "과연 듣던 바와 같이 김 장로는 훌륭한 조선 청년이다!" 그리고 내게 말하기를 한 가지 소원만 말하면 들어 주겠다는 것이었다. 정무총감의 말에 나는 서슴지 않고 그에게 요구했다. "신사참배와 동방요배를 내게 강요하지 말아주십시오!"…이렇게 말하자 엔도는 껄껄 한바탕 웃더니 수행원을 불러 다음과 같이 명령하는 것이었다. "김 장로가 하는 일에 간섭치 말도록 하라!"…내게 있어서 엔도의 방문은 행운이 아닐 수 없었다. 이렇듯, 하나님은 이방인의 손을 빌어서도 당신이 선택한 자를 보호하시는 것이다.

_《나의 한길 60년》 68-72쪽

조선총독부의 정무총감 엔도가 '봉안 이상촌'을 방문한 때는 1942년으로, 일본군이 1941년 12월 8일에 진주만을 공격해 태평양전쟁에 돌입한 즈음이었습니다. 일본군이 필리핀과 인도네시아와 인도차이나 반도를 파죽지세로 점령하며 기세등등하던 때라 식민지 조선에서 감히 일본에 대항한다는 것은 꿈도 꿀 수 없었습니다. 김용기 장로의 큰아들 김종일조차 1941년부터 본격적으로 강요된 창씨개명과 신사참배를 거부해 소학교 2학년을 다니다 제적된 상태였습니다. 이런 엄혹한 상황에서 조선총독부 제2인자에게 신사참배와 동방요배를 면제해 달라고 요청한 것입니다. 전시체제의 식민지는 이성도 논리도 상식도 전혀 통하지 않는, 총칼을 든 권력자의 독무대였기 때문에 이런 요구는 당돌하고도 위험천만했습니다.

김용기 장로 스스로 고백하듯이 정무총감의 방문도, 신사참배와 동방요배 면제도 사람 힘으로는 불가능한 일이었습니다. 그렇다고 이 일을 비신앙인 입장에서 운運으로, 신앙인 입장에서 하나님의 은혜로 선

불리 결론 내려서는 안 됩니다. 그러면 가나안 복민주의 개척에 참고할 교육 가치가 전혀 없는, 김용기 장로 개인의 일화에 불과한 것이 됩니다.

분명 하늘이 도왔지만 또 다른 요소가 있습니다. 바로 김용기 장로의 태도입니다. 처음부터 그는 권력을 이용하려는 생각이 추호도 없었습니다. 권력의 비위를 맞추려는 시도 역시 없었습니다. 오히려 조촐한 점심 식사, 엔도의 제안 거절, 전시체제에 도전하는 요구 사항까지 권력자의 비위를 거스르는 행동을 서슴없이 합니다. 이런 태도는 그의 반일 감정 때문이기도 했지만, 더 근본적인 뿌리는 그의 믿음에 닿아 있습니다. 그는 눈에 보이지 않는 힘이 눈에 보이는 힘보다 더 강력하다는 사실을 믿었습니다. 법은 멀고 주먹이 가까워도, 그 주먹은 한 순간에 불과하다고 믿었습니다. 순간은 영원을 결코 이길 수 없다는 사실을 믿었습니다. 이 믿음을 그는 일제강점기뿐만 아니라 1988년 서울올림픽 때까지, 그가 돌아가실 때까지 굳게 지켰습니다. 사람들이 왜 올림픽에서 가장 빛나는 메달로 마라톤 금메달을 꼽는지 그의 삶은 증명합니다. 개척자는 권력자의 마음이 아니라 하늘 문을 엽니다.

눈물도 피만큼 짜다

아기가 만 1세에서 2세까지는 온 신경이 궁둥이에 집중되어 있음을 본다. 그래서 궁둥이를 토닥거려 주면 자기를 사랑하는 줄 알고 그 반응이 뺨에 나타난다. 뺨이 발그레해진다. 3세에서 5세까지의 아이는 머리를 쓰다듬어주면 좋아한다. 그 반응은 코에 나타난다. 코를 씰룩거린다.…

12세가 되면 또 달라진다. 이제는 물건보다는 말로 칭찬 듣기를 좋아한다. 그 반응은 머리로 나타난다. 머리를 끄덕거린다.…18세가 되면 이제는 선악을 분별할 줄 알 뿐 아니라, 잘못한 일에 대해 지적을 받았을 때는 회개할 줄도 알게 된다. 그때부터는 엄격한 훈계가 필요하다. 그러나 그것도 20세까지이고, 그 이상이 되면 완전히 성인이 되었으므로 누구의 칭찬이나 훈계가 필요 없다. 그때는 부모가 나무랄 일이 있으면 눈물로 호소하는 수밖에 없다. 자녀가 마주 울음으로 대답할 때까지 울어야 한다. 그러나 이것도 평시에 부모가 부모로서의 일을 다 하고 매양 아이들에게 모범을 보였을 때의 얘기이다. 노름꾼인 아버지가 자식 앞에서 아무리 울어봐야 소용이 없다. 자식은 그 아버지의 눈물을 믿지 않는다.

_〈그분의 말씀을 따라〉 88-89쪽

피는 물보다 진하지만 너무 진해서 어려울 때가 있습니다. 특히 부모와 자식은 피를 물려주고 받은 관계지만, 살아가는 시대와 치한 환경이 달라서 그 갈등이 단순하지가 않습니다. 개척의 최종 단계는 사람들과 함께 하는 것인데, 가족이나 자식이 함께 할 수 없으면 개척자는 다른 사람들과 함께 할 명분이 없어집니다. 명분이 없어지면 아무리 개간에 성공했어도 그 현장은 지속되지 않습니다. 지속되지 않는 현장은 개발의 흔적으로 남을 뿐, 개척의 증거는 될 수 없습니다.

김용기 장로가 개척하는 중에 둘째 아들이 두 번이나 가출합니다. 군복무 중이었던 첫째 아들과 너무 어렸던 나머지 자녀들과 달리, 둘째 아들은 개척 현장에서 오는 모든 갈등을 오롯이 받아내야 했습니다. 첫 번째 가출은 용인 에덴향을 개간할 때였고, 두 번째 가출은 황

김용기 장로와 김범일 교장
집을 나간 아들에게 김용기 장로는 호통이나 협박이 아니라 눈물로 호소하는 편지를 쓴다. 돌아온 아들은
아버지의 개척을 끝까지 도왔고, 대를 이어 지금도 14개 가나안농군학교를 책임지고 있다.

산의 가나안 농장을 개간할 때였습니다. 20대 청년인 아들이 두 번째 가출하자 김용기 장로는 편지로 아들에게 이렇게 '호소'합니다.

사랑하는 아들아!

객지에서 얼마나 고생이 많으냐? 나는 네 생각에 밤잠을 못 이룬다. 일본 사람들 7천만이 나를 꺾지 못했건만(신사참배와 창씨개명을 거절하고 신앙을 지킨 것) 네가 내 뜻을 꺾으려 하는구나.…내가 교회에 가서 설교도 하고 남을 가르쳐야 하는데 내 자식이 따라오지 않으니 권위도 없고 가르칠 자격도 없구나. 나는 너를 사랑한다. 돌아와서 같이 값있게 살자꾸나.

_김범일, 《꿈꾸는 자는 이루리라》 85쪽

김용기 장로는 아들의 마음 문을 두드립니다. 호통이나 협박이 아니라 호소를 합니다. 앞선 글에서 장성한 자식에게는 눈물로 호소하는 수밖에 없다고 썼듯이 그대로 행동합니다. 인도의 성자 마하트마 간디는 큰아들 할리할과의 관계를 끝까지 회복하지 못했습니다. 사람들은 그를 성인으로 추앙했지만, 아들은 가족에게 희생을 강요하는 아버지에 반발해 힌두교를 버리고 이슬람으로 개종까지 합니다. 정확한 통계는 없지만, 위인들이 자식이나 가족에게 '호소'하는 경우는 드문 것 같습니다. 일이 너무 바빠 가족이나 자식에게 호소할 기회를 찾지 못하거나, 일이 너무 중요해서 호소할 필요를 느끼지 못했을 수 있겠으나, 어쨌든 자식은 압니다. 아버지가 하고 있는 일이 얼마나 중요한지를. 하지만 동시에 자식은 원합니다. 아버지의 사랑을. 김용기 장로의 편지에서는 아들이 돌아오지 않으면 지금까지 해온 모든 일을 중단할 수 있다는 결의가 보입니다. 이 호소는 아들을 돌이키기에 충분했습니다. 돌아온 아들은 아버지의 개척을 끝까지 도왔고, 대를 이어 지금도 원주 신림의 가나안농군학교를 비롯해 해외에 개척한 14개 가나안농군학교들을 책임지고 있습니다.

개척 준비는 자금 확보입니다. 개척 진행은 기술 습득입니다. 하지만 개척 성공은 사람에게 달렸습니다. 특히 자식에게 달렸습니다. 개간을 하려면 몸을 숙이고 땀을 흘려야 하지만, 사람을 얻으려면 몸을 숙이고 눈물을 흘려야 합니다. "눈물을 흘리며 씨를 뿌리는 자는 기쁨으로 단을 거둔다"라는 말은 토지만이 아니라 사람 마음에도 해당됩니다. 눈물도 피만큼 짭니다.

망가지는 것도 기술이다

1954년 11월 16일. 나는 일곱 식구의 가족을 이끌고 경기도 광주군 동부면 풍산리의 새 개척지로 자리를 옮겼다. 이것이 오늘날 제1가나안농군학교의 시초였다. 그러나 처음부터 농군학교를 계획한 건 아니다.…그러나 당장 개간에 착수하지는 않았다. 때가 겨울철이라 개간 시기가 아니었기 때문이다. 그렇다고 삼동 겨울을 놀고먹을 수도 없는 일…"4부자 악단을 꾸며 지방을 돌며 농촌 계몽 강연을 하자." 결론이 내려지자 우리 4부자-나와 세 아들은 곧바로 서울로 들어가 간단한 4인조 악기 한 벌을 구입해 왔다. 그리고는 며칠 동안 강행군을 하다시피 악기 다루는 연습을 했다…1954년 12월 초의 어느 날, 북을 치며 트럼펫을 불며, 이 희한한 4부자 4인조 악단은 시골 장바닥에 나서게 되었다.…4부자 4인

개척자와 딴따라
김용기 장로는 할 일이 적은 겨울이면 농촌 계몽 강연을 다니면서 닫혀 있는 의식의 문을 여는 작업에 매진했다. 그는 대중의 마음을 열기 위해 '망가지는' 기술을 활용하는데, 이를 위해 4부자 악단을 꾸려 지방을 순회했다.

조 악단의 농촌 계몽 연설은 겨울 삼동 내내 계속되었다. 처음 시작할 때는 광주 군내의 16개면 소재지만을 대상으로 하려던 것이 강연이 거듭됨에 따라 청중이 불어나는 것은 물론 내 강연을 듣겠노라고 초청하는 마음씨까지 생기다 보니 겨울 삼동을 꼬박 강연으로 보내게 되었던 것이다.

_《나의 한길 60년》 129-130쪽, 146쪽

개척자와 '딴따라', 결코 어울리는 조합은 아닙니다. 《개미와 베짱이》 이야기처럼 딴따라를 상징하는 베짱이는 여름 내내 놀고먹지만, 개척자를 상징하는 개미는 쉬지 않고 일합니다. 그런데 겨울이 되면 상황이 달라집니다. 겨울에는 개미도 할 일이 없습니다. 그렇다고 놀 수는 없겠죠. 그래서 개미도 딴따라를 할 기회가 생깁니다. 할 일이 없는 겨울 삼동에 김용기 장로가 일거리로 삼은 것은 딴따라가 아니라 농촌 계몽 강연, 곧 닫혀 있는 의식의 문을 여는 작업이었습니다. 자식의 마음 문을 여는 데도 노하우가 있었듯이, 대중의 마음을 여는 데도 김용기 장로는 특별한 기술을 활용했습니다. 이때 활용한 기술이 바로 '망가지는' 기술입니다. 개척은 높은 이상을 실현하기 위해 현실이라는 낮은 현장으로 들어가는 일입니다. 자금 확보나 기술 습득도 그렇지만, 사람을 얻으려면 더욱 낮아져야 합니다. 이제 자식에게 몸을 숙이는 개척자에서 대중 앞에서 망가지는 개척자로 확장됩니다. 김용기 장로는 4부자 악단 이야기를 담담하게 풀어놓지만, 정작 악단 멤버였던 아들은 그 상황을 다음처럼 증언합니다.

> 그러나 청중의 반응은 냉담했다. 정치 선전꾼이나 약장수들에게 당해온 그들인지라 당연했다. 그러니 우리들이 느끼는 창피함이란 이루 말할 수가 없었다. 더욱이 한창 때의 총각이었던 나는 멀리 장터에서 처녀가 한둘 보이기만 해도 얼굴이 벌겋게 달아오르던 때여서, 창피를 느낄수록 그나마 나오던 나팔 소리도 제대로 나지 않곤 하는 것이었다.
>
> _김범일, 《꿈꾸는 자는 이루리라》 63쪽

아들도 이토록 창피했는데 김용기 장로 자신은 어땠을까요? 철저히 '망가지겠다'는 각오 없이는 못 할 일이었습니다. 그런데 왜 굳이 "망가져야 했을까요?" 장터 대중에게 가까이 다가가는 '기술'이었습니다. 자신의 존재를 드러내거나 그들의 지갑을 여는 수단이 아니라, 이상으로 삼은 미래를 드러내고 그들의 마음을 여는 기술이었습니다. 그런 까닭에 망가지는 그의 연설에 사람들 귀가 열리고 마음 문이 열리기 시작했습니다. 일단 열린 문은 닫히지가 않더니 광주 군내의 16개 면 소재지는 물론, 결국에는 전국에서 사람들이 몰려들어 김용기 장로의 강연을 마음으로 받아들였습니다. 가나안농군학교의 씨앗이 그 속에 떨어져 움트는 일이 벌어집니다.

개간과 개척이 다른 이유는 노동의 종류가 달라서입니다. 개간은 육체노동만으로도 가능하지만, 개척은 육체노동에 정신노동과 감정노동까지 포함합니다. 자금을 확보하고 개척에 착수하는 과정은 주로 육체노동이지만, 기술 확보 단계에서는 정신노동이, 사람을 얻는 단계에서는 감정노동이 필요합니다. 그런데 가나안 복민주의 개척에는 한 가지 요소가 더 요구됩니다. 바로 영적 노동입니다. 김용기 장로는 하루 네 시간 기도를 일과에 포함시켰습니다. 그는 새벽과 저녁에 두 시간씩 무릎 꿇고 이 세상에서 가장 신성한 노동을 했습니다. 이 신성한 노동으로 그는 믿음의 씨앗을 뿌렸고, 약속의 뿌리에서 자라나는 성취의 줄기를 보았으며, 그 줄기에 매달린 보람의 열매를 삼십 배, 육십 배, 백배로 거두었습니다.

조국이여 안심하라

가나안 복민주의는 요즘 말로 '흙수저'를 물고 '헬조선'에서 태어났다. 식민지와 전쟁의 지옥에서도 의식 있는 노동은 가나안을 만들었고, 좌우로 치우치지 않은 이념은 복민주의가 되었다. 먹고 살기 위해 일하지 않고, 일하기 위해 먹고 살았더니 그 일은 오히려 즐거움이 되었다. 주어지는 일이 아니라 아무도 하지 않는 일을 찾아서 했더니, 못 할 일이 없게 되었다.

가나안농군학교는 1962년 2월 1일에 세워졌다. 더 이상 농민들만을 위한 학교가 아니라, '헬조선'의 모든 백성을 위한 학교가 되었다. '흙수저'들에게 일하고 먹는 법을 가르치면서, '헬조선'은 다른 데 있는 것이 아니라 우리 안에 있다고 강조했다. 따라서 우리 안에 있는 지옥이 낙원으로 변해야 '헬조선'은 지상천국이 될 수 있다고 했다.

우리 안에 있는 지옥은 자포자기 아니면 한탕주의였다. 자포자기나 한탕주의나 근본은 같다. 일하지 않고 먹겠다는 것이다. 자포자기했으면 아무것도 먹지 않아야 할 텐데, 자포자기할수록 더 많이 마시고 더 많이 취했다. 자포자기는 자기 자신을 지옥으로 끌어들였다. 한탕주의는 자기 대신 남을 지옥으로 내몰았다. 한탕주의와 자포자기는 어느 순간 동전의 양면이 되고 말았다. 자포자기하는 심정으로 한탕을 벌이든가, 한탕에 실패하고 자포자기하든가, 둘 중 하나였다.

1950-1960년대가 자포자기의 시대였다면, 1970-1980년대는 한탕주의 시대였다. 졸부는 졸부대로, 재벌은 재벌대로 자신들의 '금수저'를 위해서는 남들이야 지옥에서 살건 말건 신경 쓰지 않았다. '한강의 기적'과 '말죽거리 잔혹사'가 공존하는 시대였다. 〈응답하라 1988〉, '헬조선'에서 올림픽을 개최했다. 히틀러의 집권으로 독일이 지옥으로 변해가고 있을 때, 1936년의 베를린 올림픽은 독일을 낙원처럼 보이게 했다. 올림픽의 착시 효과는 '헬조선'에서도 통했다. 우리 안에 지옥은 없어지지 않았는데, 모두들 이곳을 낙원이라고 믿었다.

바로 그해, 일가 김용기 장로가 하늘의 부름을 받았다. "의인이 죽을지라도 마음에 두는 자가 없고 진실한 이들이 거두어 감을 당할지라도 깨닫는 자가 없도다. 의인들은 악한 자들 앞에서 불리어 가도다"(사 57:1)라는 말이 맞는 것 같았다. 이후 10년을 주기로 이 땅에서 벌어진 일들, 1998년의 IMF 사태와 2008년 미국발 금융위기 등을 그가 보지 못한 것은 어쩌면 다행스러운 일인지도 모른다.

1990-2000년대, '응팔' 이후로 '흙수저'용 매뉴얼은 쓸모없어졌다. '양극화'라는 괴물이 '갑'과 '을'의 두 얼굴을 가지고 온 세계를 지배하기 시작했다. 저마다 '금수저'를, 그것도 한 사람이 여러 개씩 물고 다니는 '갑'의 시대에, 일을 하지 않아서 살찌는 것을 고민하는 사람들은

"일하기 싫거든 먹지도 말라"는 구호를 다이어트하라는 말로 들었다. 한탕주의로 돈 버는 사람들이 많아지면서 "일하기 위해 먹자"는 말은 웃음거리가 되었다. '을'에게도 로또와 주식과 도박과 투기가 판을 치면서 '육체노동'은 시대착오적이라고 했다. 신자유주의는 경제생활에만 적용된 것이 아니라 사람들의 영혼까지 지배했다. 신앙도, 학문도, 예술도, 오직 경영 논리만이 채택되었다. '헬조선'에서 태어난 가나안 복민주의는 '조국 근대화'라는 낙원, 선진국의 문턱에서 설 자리를 잃었다.

양극화의 틈새에서 갑자기 우후죽순처럼 생겨나기 시작한 수련원 시설들, 특전사와 해병대까지 일반인에게, 중고등학생에게 정신교육을 시킨다고 나섰다. '을'에게 '갑'이 될 수 있다며 이른바 '대박 마케팅'을 시작했다. '사람들의 영혼들'까지 상품 목록에 있다며 요한계시록에서 바벨론을 비판했는데, 선진국의 문턱에 이른 대한민국에서도 그랬다. 정신교육 강사들이 넘쳐나고, 자기계발서들이 쏟아져 나왔다. 검색어 목록에만 올라가면 돈을 벌게 되니, 사명도 이념도 없는 정신교육이 무조건 광고 대상이 되었다. 가나안 복민주의는 '갑'에게 '을'이 되어야 모두가 살 수 있다고 주장하니, 아예 광고 대상조차 될 수 없었다.

가나안농군학교는 처음부터 사람들이 자발적으로 찾아오던 곳이지, 사람들을 강제로 끌어모으는 곳이 아니었다. 도움을 '주는' 곳이지 '파는' 곳이 아니었다. 가나안농군학교의 교장은 "와서 우리를 도우라"며 손짓하는 아시아와 아프리카의 '흙수저'들을 보았다. 그래서 홍보 대신 또 개척을 시작했다. '흙수저'의 초심을 잃지 않은 가나안의 동지들이 해외 가나안농군학교를 건설했다. 방글라데시(1991년), 필리핀(1999년), 태국(2001년), 미얀마(2002년), 중국의 충칭(2004년), 인도네시아 수까부미(2005년), 인도네시아 니아스(2006년), 인도 비하르(2006년), 요르단(2009년), 라오스(2009년), 말레이시아(2011년), 캄보디아(2014년), 인도 나갈랜드(2015년), 그리고 연해주(준비 중)이다.

언제부터인가 선진국의 문턱에 진입한 대한민국의 '금수저'들이 추풍낙엽처럼 떨어지기 시작했다. '금수저'만 '흙수저'가 될 뿐, '흙수저'가 '금수저'로 바뀌는 일은 거의 없었다. '금수저'를 '흙수저'로 바꾸게 된 사람들은 아예 삶을 포기했다. 자살자가 속출했다. 2020년을 바라보는 대한민국은 또다시 1960년대의 '흙수저' 전성시대가 된 것이다. 1960년대보다 더 나쁜 것은 꿈조차 '흙'이 되었다는 사실이다. 취업을 준비하는 젊은이들은 평생 먹거리를, 평범한 직장인들은 은퇴 후 먹거리를, 삼성그룹 사장단 회의에서조차 "10년 후 먹거리"를, 폐지줍는 노인들은 그날 그날의 먹거리를 걱정하는, 그야말로 기간의 차이만 있을 뿐 모든 사람들이 '먹거리'를 걱정하는 시대가 되었다.

바울은 "와서 우리를 도우라"며 손짓하는 마게도냐 사람들에 대한 환상을 보고 이방인들에게로 갔지만, 진짜 속마음은 동족 이스라엘 민족에게 있었다. "그러므로 내가 말하노니 하나님이 자기 백성을 버리셨느냐. 그럴 수 없느니라.…하나님이 그 미리 아신 자기 백성을 버리지 아니하셨나니…그런즉 이와 같이 지금도 은혜로 택하심을 따라 남은 자가 있느니라"(롬 11:1-2, 5). 가나안 복민주의는 이 세상의 어떤 민족도 버림받지 않는다고 믿는다. 우리 조국은 더 말할 나위도 없다. 버림받은 것처럼 보이는 순간들도 있지만, 그 순간을 기정사실로 받아들

이고 영원히 잠들어버리지만 않는다면, 또다시 뜨는 태양을 맞이하리라. 일제 때도, 6·25 전쟁 때도, '헬조선'이라는 말은 없었다. '헬hell'은 영원히 버림받은 저주의 대상에게 쓰는 말이기 때문이다. 우리는 단한 번도 버림받은 적이 없다. 버림받아야 할 것은, '헬'이라는 저주받아야 할 이 몹쓸 단어뿐이다. 그래서 가나안의 복민이 왔다. "조국이여 안심하라"고.

일가 김용기 장로의 연보

1909. 9. 5.	경기도 양주군 와부면 능내리에서 아버지 김춘교와 어머니 김공윤 사이에 다섯 아들 중 넷째로 태어남.
1912	아들 김용기의 병으로 아버지가 기독교 복음을 받아들임.
1916	일곱 살부터 마을 서당에서 한문 수학.
1923	몽양 여운형이 세운 기독교계 학교인 광동학교에 입학.
1927	광동학교 졸업.
	일본을 정복하기 위해 중국을 먼저 정복해야 한다는 야망으로 만주로 감.
	봉천 서탑교회 이성락 목사의 가르침을 받고 귀국.
	아버지의 권유로 농사꾼이 되기로 결심.
	김봉희와 결혼.
1928	강화도 마니산에서 40일 기도.
1931-1945	봉안 이상촌 운동 건설 착수.
	개척자금을 마련하기 위해 2년 동안 공사장 장사를 했고, 금광에 투자했다가 이상촌 건설 자금을 날리기도 함. 3000평 개간으로 성취감과 자신감을 얻음.

1935년에 10가구로 구성되었고, 경작지는 논이 6,500평, 밭이
9,000평으로 이상촌이 시작됨.

1936년 '봉안 청년회' 조직, 야학 개설(농업, 민족정신, 생활개선, 교
양교육 등) 해방이 될 때까지 일제에 대한 농민저항 운동을 계속
했으며, 이상촌 운동과 독립운동을 끊임없이 전개함.

1932. 5. 28	아버지 별세.
1935	30세가 되어야 장로가 되는 규례를 깨고 봉안교회 장로로 세 워짐. 동방요배를 하지 않았다는 이유로 양평 경찰서에 끌려가 고문 당함.
1937	몽양 여운형의 육촌동생 여운혁, 봉안이상촌 합류.
1941	창씨개명 등 반일로 장남 김종일이 조안국민학교에서 퇴학당함.
1944	고구마 12개월 저장법 개발.
1944. 10. 8.	경기도 양평 용문산에서 뜻을 같이하는 동지들과 '농민동맹' 을 결성하고 공출반대, 징병징용 불응 등 독립운동 전개.
1945. 8. 10-13.	양평 용문사에서 조직되었던 농민동맹 활동-이상촌의 전국적 확대.
1945. 8.	15이후 8·15 직후에 계획했던 '농민동맹'으로 뜻하지 않게 군 정 포고령 위반으로 체포되어 5년형을 선고 받았으나 수감된 지 13일 만에 풀려남.
1946. 3. 30.	북한 실정을 조사하기 위해 파견한 대표단의 일원으로 북한 방문, 김일성과 만남.
1946. 10.	제2차 개척 : 삼각산 농장(1946-1950) -경기도 고양군 은평면

구기리.

여운형, 김성수, 조병옥, 함석헌, 한경직, 박형룡, 김재준, 강원룡, 조향록을 비롯해 일본의 가가와 도요히코와 미국 선교사 위철지, 전마태 등 수많은 인물이 이곳을 다녀갔으며, 성자라 불리던 이현필 가족은 김용기 장로의 집 지하실에서 살았고, 다산 유영모는 이웃에 살면서 매주 목요일 이곳에서 특강을 함.

1951	이상촌이 전화戰火로 파괴됨.
1952. 5.	제3차 개척: 에덴향(1952-1954) -경기도 용인군 원삼면 사암리, 6만평 개간. 에덴교회, 복음농도원, 용인복음고등농민학원을 세움.
	총 6장 62조로 구성된 〈에덴향 생활헌장〉 제정.
	둘째 아들 김범일 가출(7개월).
1953. 9. 20.	어머니 별세.
1954. 11.	제4차 개척: 가나안농장(1954) -경기도 광주군 동부면 풍산리. 1만평 개간.
	영농강습회를 열어 농민들에게 농사기술을 가르침.
	'개척의 종'을 만들어 새벽 4시에 종을 울리기 시작함.
1955. 1. 1.	가나안교회 창립.
	사부자악단四父子樂團과 농촌계몽활동을 전개.
1962. 2. 1.	농촌지도자 양성을 위해 가나안농장 안에 '가나안농군학교' 개교, 교장 취임 -처음에는 '광주농군학교'라고 함.
	제1기 교육으로 광주군수가 추천한 농촌지도자 29명을 교육함(10일 교육).

2. 9.	박정희 국가재건최고회의 의장 방문.
1963. 8.	일가 김용기의 첫 저서《참 살 길 여기 있다》(배영사) 출간.
1966. 8. 31.	라몬 막사이사이상 수상(사회공익 부문) '기독교 말씀의 원리를 실제상황에 적용하여 농업을 개선하였으며 또한 농경생활에 새로운 기쁨과 존엄성을 일으킨 산 교재가 되었다'는 공로가 인정됨.
1968	〈가나안복민대강〉 제정.
1968. 9	《가나안으로 가는 길》(창조사) 출간.
1970. 5	《이렇게 살 때가 아닌가》(창조사) 출간.
1973	제1회 인촌문화상 수상, 새마을 훈장 협동상 수상.
1973. 3. 13.	제5차 개척: 신림동산, 제2가나안농군학교 개교(현재 가나안농군학교,원주) -강원도 원주시 신림면 영봉정길 5.
1973. 3. 18	신림가나안교회 창립.
1973. 5. 16	《贈 젊음에게》(배영사) 출간.
1973. 7. 15	재단법인 가나안복민회 창립(11월 농림수산부 허가 제69호로 가나안농군학교 유지재단으로 허가받음).
1975. 2	《심은 대로 거두리라》(창조사) 출간.
1975. 5	《운명의 개척자가 되자》(배영사) 출간.
1978. 5. 26	필리핀 세이비어 대학으로부터 명예 인문학 박사 학위 받음. -흙과 농촌에 바친 공로를 인정 받음.
1978. 7	《그분의 말씀을 따라》(창조사) 출간.
1980.	《조국이여 안심하라》(규장문화사) 출간.
1980.	《나의 한 길 60년》(규장문화사) 출간.

1982.	농촌후계자 양성을 위한 '가나안농군사관학교' 설립.
1982.	《영광된 내일을 위하여》(규장문화사) 출간.
1982. 11. 5.	가나안 정신의 보존과 계승을 위해 '일가회—家會' 발족.
1984.	아내 김봉희 별세.
1988. 8. 1.	별세. 대한민국 첫 '농민장'으로 치름.

- 농민단체를 비롯한 24개 단체들이 참여해 우리나라 최초의 농민장으로 장례를 치루었으며 미리 마련된 가족 묘역의 지정된 반 평(坪) 묘지에 묻힘.

가나안농군학교 교육수료인원 317,515명, 강연 3,000여회, 교회집회 인도 250여회, 가나안복민회 이사장 국민훈장 무궁화장 수상

1989. 9. 5.	일가 김용기 선생의 뜻을 기리고자 '일가재단' 설립.

- 일가상 시상 및 일가사상의 연구, 일가사상의 실천, 일가사상의 전파를 주요 사업으로 하는 비영리 단체임.

일가의 자녀

첫째 아들 : 김종일 1928년(호적에는 1930년) 봉안에서 출생

둘째 아들 : 김범일 1935년(호적에는 1936년) 봉안에서 출생

첫째 딸　: 김활란 1938년(호적에는 1940년) 봉안에서 출생

셋째 아들 : 김평일 1942년 봉안에서 출생

둘째 딸　: 김찬란 1950년